Experimentos políticos en tiempo real:
la gobernanza colaborativa en Gipuzkoa

Autores

Sergio García-Magariño (dirección)

Nahia Delgado de Frutos

Con la colaboración de

Mikel Cabello y Maddi Azkoitia

Consejo científico

Daniel Innerarity

Juan José Álvarez

Txetxu Ausín

Mikel Cabello

Agosto 2023

SERGIO GARCÍA-MAGARIÑO (Dirección)
NAHIA DELGADO DE FRUTOS

EXPERIMENTOS POLÍTICOS EN TIEMPO REAL: LA GOBERNANZA COLABORATIVA EN GIPUZKOA

Coedición

EDITORIAL DYKINSON

EDITORIAL SINDÉRESIS

2024

1ª edición, 2024

© Los autores

© 2024, Editorial Dykinson
  C/ Meléndez Valdés, 61. 28015 Madrid (España)
  Tlf.: (+34) 91 544 2869/46, fax: (+34) 91 544 6040
  www.dykinson.com - info@dykinson.com
  ISBN: 978-84-1070-026-0

© 2024, editorial Sindéresis
  Calle Princesa, 31, planta 2, puerta 2 – 28008 Madrid, España
  info@editorialsinderesis.com
  www.editorialsinderesis.com

ISBN: 978-84-10120-16-7
Depósito legal: M-4686-2024
Produce: Óscar Alba Ramos

Impreso en España / Printed in Spain

PDC2021-121472-I00. Viejas guerras y nuevas tecnologías: un banco de pruebas para la regulación de la violencia política.

ÍNDICE

PRÓLOGO

Esta obra pretende cumplir dos propósitos. El primero, el más directo, es realizar una suerte de sistematización y documentación de la experiencia política que viene gestándose en Gipuzkoa desde hace más de una década; en particular, su modelo *Etorkizuna Eraikiz* (construir el futuro o anticiparse a él), su programa *Udal Etorkizuna Eraikiz* y otras iniciativas cercanas a la Diputación Foral de Gipuzkoa. La descripción de las estrategias centrales que se han desplegado para gestionar los asuntos públicos seguramente resulte de gran interés para el lector.

El segundo objetivo, más ambicioso que el anterior, es contribuir al cuerpo de conocimiento acumulado sobre la gobernanza política. En otras palabras, se pretende hacer algún aporte a la teorización sobre la innovación política en general y la buena gobernanza en particular.

Quienes escriben, además de haber tenido la fortuna de estar vinculados con *Globernance* —un *think tank* dirigido por Daniel Innerarity y Juanjo Álvarez que lleva años trabajando sobre estos temas y que se ha granjeado un nombre en el País Vasco, Navarra y, progresivamente, en España y Europa—, han podido coordinar diferentes proyectos de investigación-acción con la Diputación Foral de Gipuzkoa y un número importante de ayuntamientos (cerca de 14) de ese territorio, así como con equipos de gobierno locales de Madrid, centrados todos ellos en la mejora de gestión pública a través de la introducción de mecanismos novedosos de gobernanza colaborativa.

Estas experiencias, junto con la inclinación académica, han supuesto un impulso importante para avanzar por el sendero que ya habían iniciado con obras tales como *La Gobernanza y sus enfoques* (García-Magariño, 2016), *Gobernanza y religión* (García-Magariño, 2017).

En breve, y desde otra perspectiva, la obra busca conectar dos mundos que se necesitan pero que a veces viven separados, a saber: el de la praxis política o la gestión de lo común y el de la reflexión teórica sociológica y politológica. Que sea el lector el que determine si el trabajo aquí presentado puede servir de eslabón. La naturaleza de los retos que acechan al mundo, desde luego, demanda de la humanidad lo mejor de sí, tanto en términos de voluntad, actitudes y acción colectiva, como de luminosidad intelectual y de concierto de todos los actores individuales y colectivos posibles.

CAPÍTULO I: **FUNDAMENTOS TEÓRICOS DE LA GOBERNANZA**

1.1. EL CONCEPTO DE LA GOBERNANZA

Aunque este libro se centra en el caso de Gipuzkoa, este primer capítulo pretende establecer las bases teóricas que después se observarán, en términos prácticos, en los casos que presentan.

El concepto de gobernanza no se encapsula fácilmente dentro de una definición. Tal como indica Daniel Innerarity (2011), la noción de gobernanza encierra dos grandes dimensiones: una reflexión crítica sobre los cambios sociales producidos en las últimas décadas, que han agotado la capacidad de respuesta de los instrumentos políticos tradicionales; y una propuesta de conceptos, enfoques, métodos, técnicas y procedimientos novedosos, destilados de las buenas prácticas políticas, donde sea que se produzcan, que parecen ajustarse a la realidad social, política y económica actual.

Desde otro punto de vista, acotándonos a la ciencia de la administración pública, se podría decir que la gobernanza representa la tercera tendencia teórica que está informando el funcionamiento de dicha administración. Primera tendencia fuer la burocratización. Los gobiernos y la administración pública tenían que ordenarse y ser imparcial. La modernización implicada la creación de departamentos, el establecimiento de procedimientos, de normas, de protocolos, la conexión con el conocimiento experto y la configuración de mecanismos de control para objetivar y hacer imparcial al organismo encargado de servir directamente a la ciudadanía.

La burocratización, en los 60 y 70, en parte por choque ideológico con tendencias ultra liberales, y en parte por incapacidad para dar respuesta ante problemas nuevos que requerían agilidad e improvisación, cedía ante una nueva tendencia: el gerencialismo. El diagnóstico era que la administración pública y la burocracia eran excesivamente complejas y lentas, por lo que, de ese modo, la administración pública no podía dar respuesta a las necesidades de adaptación, al dinamismo social y al crecimiento económico en marcha. El generancialismo tomó a la empresa privada como pauta de funcionamiento, bajo el supuesto de que las empresas transnacionales en auge eran prototipo de eficiencia, agilidad y buen funcionamiento. Esto desató una ola de privatizaciones en los sectores públicos y propició el surgimiento de externalización de servicios públicos a través de empresas privadas.

En las últimas décadas, se ha observado con claridad que el gerencialismo también trae consigo problemas significativos. La empresa privada busca intereses particulares. Aunque gestione bien su ámbito de actuación, cuando el beneficio se pone en entredicho, se producen dos ajustes: reducción de costes en personal y reducción de la calidad del servicio. El ejemplo paradigmático es una mutua de seguros que gestiona ámbitos sanitarios. La mutua es muy eficiente ante accidentes laborales menores que requieren intervenciones puntuales: una radiografía, un proceso de rehabilitación… Sin embargo, cuando el accidente suscita un proceso de recuperación a muy largo plazo, la mutua se esfuerza por sacar del circuito a los accidentados, aludiendo a otras causas, como enfermedades sin conexión con el trabajo. La tendencia de la gobernanza que se examina a continuación busca responder tanto ante los problemas de la burocraticación como del gerencialismo, en un contexto de grandes cambios e incertidumbres.

1.1.i. Constatación de una crisis

Tal como se mencionó arriba, la primera dimensión de la gobernanza es una constatación de que la sociedad ha cambiado y de que los instrumentos políticos que se diseñaron hace décadas son incapaces de responder ante la nueva coyuntura.

Algunas de las manifestaciones más claras de estas transformaciones son la pérdida de capacidad de la política para responder ante la creciente complejidad social y la difícil legitimación del gobierno. Las elecciones democráticas constituían anteriormente el elemento definitivo de la legitimidad de un gobierno, pero, hoy día, meses e incluso semanas después de las elecciones, el electorado cuestiona a los representantes electos. Asimismo, la sociedad civil, mucho más inteligente y organizada que antaño, reclama mayor transparencia y mayor participación en la toma de decisiones, y exige una ética más elevada por parte de los gobernantes. Los partidos políticos, la religión y la clase social, aspectos que eran claves en la formación de las identidades colectivas, estructuraban y fomentaban la cohesión social; algo que actualmente ya no ocurre. Las sociedades y las relaciones entre los individuos, entre las instituciones y entre individuos e instituciones –por señalar algunas–, en el pasado ocurrían principalmente dentro del confín del Estado-nación, y las decisiones más importantes en materia económica o política también se daban allí. No obstante, en la actualidad los fenómenos sociales y las relaciones se han globalizado y los espacios para la toma de decisiones se han multiplicado, sobrepasando en muchos casos el nivel nacional. Muchos países –especialmente en la Unión Europea– reconocen que la mayor parte de las decisiones más importante que afectan a sus territorios se toman en los ámbitos supranacionales, para los cuales, mayormente, no hay instituciones legítimamente elegidas. Por último, los principios que nutrían las prácticas de gestión y administración pública y privada de jerarquía, centralización y competencia, y el clima de seguridades y certezas en el que se tomaban las decisiones, parecen haber agotado su capacidad de dirigir una sociedad más compleja, organizada, interdependiente e inteligente cuya gestión parece requerir grados de colaboración, descentralización, aprendizaje y tolerancia a la ambigüedad inusitados hasta la fecha.

A modo de resumen, y con intención didáctica, el siguiente diagrama indica los cambios más relevantes así como los instrumentos específicos que están experimentando tensión.

Diagrama 1.

CAMBIOS	INSTRUMENTO TRADICIONAL EN CRISIS
Mundialización de la vida social	Estado-nación
Complejidad e interconexión	Competición como eje de articulación de la vida social
Problemas inusitados: - Cambio climático - Envejecimiento de la población - Suficiencia energética - Robotización y trabajo - Sostenibilidad del modelo económico - Ineficiencia de las cadenas de valor globales	Verticalidad, jerarquías y especialización
Ignorancia-información-tecnologías-desinformación	Modelo de relación: médico-paciente; profesor-estudiante; gobernantes-gobernados
Deseo de participación y legitimidad	Elecciones cada cuatro años
Exigencias éticas	Confidencialidad y secretos
Incertidumbre y limitación del conocimiento técnico ante problemas políticos, éticos, prácticos	El rol de los expertos como fuente de soluciones

Fuente. Elaboración propia

Como se puede comprobar, el problema es severo, puesto que no solo se carece de instrumentos cognitivos y procedimentales para responder ante la nueva realidad social, sino que muchos de los problemas son el resultado de los éxitos de las innovaciones políticas del pasado. Algunos ejemplos pueden ser de utilidad.

En primer lugar, el cambio climático es, en gran parte, la consecuencia del éxito de las políticas económicas de industrialización. Estas mismas políticas económicas, además de haber agotado los recursos naturales, han generado desigualdades, han azuzado conflictos y han producido una gran dependencia de recursos que no están localizados, puesto que la globalización se fundamentó en la desterritorialización de la producción, el procesamiento, el ensamblaje…

En segundo lugar, el envejecimiento de la población que está poniendo en jaque en occidente a los sistemas de protección social tiene que ver con el éxito de las políticas de control de natalidad y de alargamiento de la esperanza de vida.

En tercer lugar, la desinformación, infoxicación o infodemia a la que asistimos, se vincula con el intento de eliminar la ignoranacia a través del incremento de las fuentes de información. No se preveía un tipo de ignorancia tan sofisticada como resultado del desequilibrio entre cantidad de información y capacidad de digestión, discriminación y procesamiento.

Por último, la naturaleza de la mayor parte de los problemas actuales es sistémica, pero la ilustración y la modernización inspiraron una manera de pensar y de organizar el conocimiento y el trabajo especializada, fragmentada, para lograr mayor profundidad y eficiencia. Hoy día, no obstante, ese enfoque no permite abordar con eficacia cuestiones holísticas que requieren miradas integrales que complementen las perspectivas especializadas.

1.1.ii. Hacia una nueva forma de gobernar

La segunda dimensión de la gobernanza tiene que ver con el acervo de conceptos, enfoques, métodos, técnicas, procedimientos e instrumentos que, en la práctica, en distintos contextos nacionales y regionales, parecen estar siendo efectivos para responder ante la sociedad actual. A pesar de que la batería de recursos para el buen gobierno y la gestión pública efectiva crece constantemente, existen algunos elementos que adquieren especial relevancia.

Tanto Daniel Innerarity, recientemente, en *Una teoría de la democracia compleja* (2020), como Judith Innes y David Booher, un poco antes en *Planning with complexity*[1] (2010), afirman que el paradigma de la nueva gobernanza reside en un cambio medular del ejercicio del gobierno: de un modelo en el que el gobierno decide a un modelo en el que el gobierno pasa a ser configurador de espacios, a fin de que actores diversos implicados en un problema puedan deliberar, diagnosticar juntos, diseñar soluciones e implementarlas colaborativamente. En otras palabras, la gobernanza implica la colaboración entre diversos actores del sector público, privado y civil, así como de los sectores procedentes del conocimiento experto, para solucionar problemas comunes. Este enfoque arroja mayor luz, al ampliar los prismas del análisis y la percepción del impacto de las soluciones, y dota de mayor legitimidad a cualquier cauce de actuación ideado.

Íntimamente relacionado con lo anterior se encuentra el imperativo de la colaboración. La sociedad moderna emergió, en parte, como resultado de una organización social basada en el principio de la competencia. La misma concepción moderna de la excelencia se ancla en la idea de que la competencia logra el mejor resultado. Sin embargo, ante situaciones de alta complejidad, interconexión e intercambios, la competencia amenaza la cohesión social y deja de ser eficiente. Por ello, la gobernanza efectiva busca formas más cooperativas y recíprocas de funcionamiento, tanto en

---

[1] Actualizado en 2018, en una segunda versión de Routledge.

las relaciones entre individuos e instituciones, como de sistemas y programas. La colaboración, además exige actitudes poco épicas, tales como la escucha empática, la humildad, la coordinación, la renuncia a intereses individuales que entren en conflicto con el bien común, y que son marginales en el espacio público. La ética del ciudadado y la noción de la feminización de la vida social se relacionan con esto también.

Otra área especialmente relevante para la buena gobernanza es el estilo de liderazgo. El liderazgo autoritario fuerte, el liderazgo manipulador, el paternalista o el democrático (Anello & Hernández, 1996) han de dar paso a un liderazgo moral basado en el empoderamiento de otros, en la construcción de capacidad, en la apertura de espacios de confianza para canalizar la iniciativa (Margaret, 2011). Este enfoque se corresponde con las características del mismo universo, donde el caos y el orden se suceden y complementan para que pueda haber evolución, crecimiento y progreso. Este tipo de liderazgo exige renuncia a la propia ambición, aunque recibe satisfacción de la constatación de estar dejando huella, de ver crecer a otros, de servir a los demás y de intentar mejorar la vida humana.

Otra de esas cuestiones vitales de la nueva gobernanza tiene que ver con el modo de funcionamiento de la administración pública y de la política. La solución de problemas comunes y el diseño de políticas efectivas yace en el ADN de la política y de la administración. No obstante, debido a la creciente complejidad social y al hecho de que para los problemas actuales no existen soluciones predefinidas, el aprendizaje ha de ser el rasgo definitorio del funcionamiento de la administración y de la política. Aprender como modo de actuación requiere, al menos, trabajar en dos direcciones: en primer lugar, en cultivar actitudes individuales que lo faciliten, tales como el diálogo, la postura humilde y la escucha atenta; y, en segundo, en la creación de sistemas y procedimientos colectivos que lo fomenten, tales como los espacios para la reflexión colectiva, la sistematización y la documentación de las experiencias. La corriente denominada *Learning organizations,* en boga en el mundo anglosajón, se acerca a esta necesidad, así como quienes abogan por establecer sistemas organizacionales de inteligencia colectiva (Rey, 2022).

En la esfera de la planificación, la solidaridad espacial y temporal (intergeneracional), la atención al futuro lejano al igual que al inmediato, la aceptación de la incertidumbre y de la ambigüedad (junto con el conocimiento experto y la experiencia práctica), en definitiva, la anticipación, son sustanciales.

La participación y los mecanismos colectivos de toma de decisiones son dos ámbitos interrelacionados para el buen gobierno que también adquieren importancia cardinal. La participación política de la ciudadanía se produce en una basculación que puede ir desde la mera elección de representantes hasta la democracia directa absoluta. Sin embargo, la participación hoy día es más relevante que nunca no solo porque la legitimación constante sea perentoria, sino porque la naturaleza los problemas y su gran complejidad demanda el concierto de tantos actores individuales y colectivos como sea posible. Efectuar una transición energética justa o encontrar un modelo alternativo de desarrollo sostenible, autosuficiente en lo local (tanto como sea posible) pero interconectado mundialmente, requieren la acción de todos. Ahí reside la necesidad de participar.

La participación, además, no es un simple requisito. Puede haber votos, puede haber consultas digitales o presenciales, puede haber espacios deliberativos puntuales, puede haber participación por sorteo. Nada de ello, empero, parecería el enfoque apropiado para la participación. Esta adquiere sentido en el contexto de un proceso de participación colectivo en la generación, difusión y aplicación de conocimiento práctico sobre la resolución de los problemas acuciantes que se ciernen sobre el mundo y que se manifiestan con mayor potencia en la arena local; sobre la creación de un modelo alternativo de organización social próspero, justo y sostenible; sobre el avance económico, moral e intelectual de una población en armonía con el ecosistema y con otros grupos sociales.

Teniendo en cuenta la imagen anterior, cobra mayor sentido la necesidad de afinar los mecanismos colectivos de toma de decisiones. Aunque en el ámbito empresarial y organizacional se ha experimentado mucho con nuevos métodos, la práctica política y la administración sigue usando métodos tradicionales: no suele haber mucha coordinación en las reuniones, decide quien más rango tiene, se escuchan las voces de quienes tienen carácter más fuerte… Esto margina voces que han de ser escuchadas porque contienen perspectivas valiosas. Incluso en el ámbito de la empresa y las organizaciones, los métodos aludidos suelen ser ajustes superficiales, arreglos cosméticos que no afectan demasiado la cultura decisional. En *El País* ofrecimos una reflexión hace unos años sobre la consulta deliberativa, como mecanismo prometedor para la toma de decisiones colectiva (García-Magariño y Arjomandi, 2020).

Otros instrumentos ya conocidos de la buena gobernanza, que tienen un carácter algo más técnico y procedimental (por ello, se tiende a basarse en ellos, ya que no exigen demasiado cambio ni capacidades nuevas), pero que no deben obviarse, son la rendición de cuentas, la transparencia, el gobierno abierto, el estado de derecho o estabilidad normativa, los sistemas de integridad, la institucionalización del conocimiento experto en la lógica política, la digitalización o el correcto uso de la tecnología.

1.2. UNA PROPUESTA DE OPERATIVIZACIÓN DE LA GOBERNANZA

Varios de los proyectos que se presentan en los siguientes capítulos, especialmente *Udal Etordizuna Eraikiz* (construir el futuro de los municipios), están informados por la concepción expuesta anteriormente. Esta concepción, no obstante, es demasiado amplia para ayudar, en términos prácticos, al gobierno (o a otras organizaciones), a mejorar su funcionamiento. Por ello, el equipo de *Globernance* que lidera el proceso de investigación-acción descrito en esta monografía diseñó dos instrumentos operativos para ayudar a los gobiernos locales y regionales con los que se colabora y la creación de dos programas replicables. En cuanto los instrumentos, el primero es una caracterización de la gobernanza en términos de alrededor de 20 mecanismos o procesos diferenciados, cada uno de los cuales pudiendo dar lugar a una intervención particular para su implementación. El segundo instrumento es una definición de cuatro capacidades esenciales para la gobernanza efectiva que permiten introducir paulatinamente, con el tiempo, todos los mecanismos anteriores y otros nuevos que podrían surgir con la experiencia.

Los programas diseñados son (a) una comunidad de aprendizaje para municipios y el gobierno foral que operan en red, sobre innovación política y gobernanza colaborativa que y (b) los laboratorios locales de aprendizaje colectivos sobre gobernanza económica u otro ámbito de interés en la localidad.

En esta sección, solo se plasmarán los dos instrumentos, puesto que en el resto del libro se hablará de los programas en detalle.

1.2.i. Los mecanismos de la gobernanza

Tal como se ha indicado arriba, aspirar a que un gobierno mejore su funcionamiento a través de conversaciones generales y abstractas sobre los cambios sociales, el agotamiento de los instrumentos políticos y los enfoques novedosos prometedores seguramente sean excesivos. Por ello, se han intentado identificar diferentes mecanismos o procesos que sean susceptibles de introducirse en gobiernos locales y regionales a través de una intervención externa. Los mecanismos identifcados se enumeran a continuación junto con una breve descripción.

- Agudizar los diagnósticos y análisis contextuales, de esta manera se puede examinar la realidad de manera más precisa y profunda, teniendo en cuenta el contexto, para tomar decisiones informadas, prepararse para futuros desafíos y dar una mejor respuesta a las necesidades que los gobiernos locales y regionales detecten.

- Operar en modo de aprendizaje, adoptando una mentalidad y enfoque de mejora continua dentro de la gobernanza abierta, colaborativa y anticipatoria. Esto implica estar dispuesto a aprender de experiencias pasadas y presentes, adaptarse a nuevos conocimientos y utilizar la retroalimentación para tomar decisiones informadas en el futuro. Tiene una dimensión individual y una colectiva, procedimental.

- Estructurar un liderazgo transformador, sincero en sus pretensiones, orientado hacia el empoderamiento colectivo e inspirado por un ethos de servicio público implica establecer un estilo de liderazgo que sea capaz de impulsar cambios significativos y positivos en la organización o sociedad. Este tipo de liderazgo se enfoca en inspirar, empoderar y guiar a los miembros hacia una visión compartida, fomentando la innovación y adaptación constante para enfrentar los desafíos presentes y futuros.

- Promover la igualdad de género y la feminización de la organización significa abogar por la equidad entre géneros y fomentar una mayor representación y participación de mujeres en todos los niveles de la estructura organizativa. En el contexto de la gobernanza abierta, colaborativa y anticipatoria, esto implica crear un entorno inclusivo y diverso que valore las perspectivas y contribuciones de todas las personas, independientemente de su género, para lograr una toma de decisiones más efectiva y justa. Además, exige que las cualidades que históricamente han estado asociadas con la feminidad, tales como la compasión, la empatía, la escucha, la reciprocidad, los cuidados, la resolución pacífica de los problemas, el diálogo, se insuflen en el cuerpo de la organización. De lo contrario, las mujeres que lleguen a espacios de autoridad, adoptarán los mismos rasgos masculinos que dominan el cuerpo social y que se vinculan con la competición, la fuerza o el conflicto.

- Fortalecer el trabajo en equipo, la cooperación y la reciprocidad se refiere a mejorar y fomentar la colaboración público-privada, público-social; en definitiva, intersectorial. También se refiere a mejorar la colaboración entre los miembros de una organización o entidades que conforman la sociedad (individuos, instituciones, comunidades). Esto supone enfocarse en construir relaciones sólidas y mutuamente beneficiosas, donde se comparten ideas, conocimientos y responsabilidades para abordar los desafíos de manera conjunta y lograr objetivos comunes de manera más eficiente. La colaboración requiere, por un lado, pautas relacionales y actitudes nuevas, y, por el otro, la configuración de sistemas cooperativos que complementen y poco a poco reemplacen las lógicas competitivas que vertebran los sistemas sociales actuales, ya sea dentro de la política, la economía, el derecho, los medios, la academia o la sociedad civil organizada.

- La creación de espacios para la interacción de saberes (práctico, experto, tradicional, ético y deliberativo), bajo la perspectiva de que la toma de decisiones se da en contextos de incertidumbre ante múltiples opciones posibles. El conocimiento experto es necesario, pero no suficiente, puesto que los problemas a los que se enfrenta la sociedad son inusitados, por lo que no existen soluciones predefinidas. Se necesita mucha experiencia práctica y tener en cuenta que, además, las prácticas tradicionales y la cultura deben interactuar con la experiencia práctica y el conocimiento experto; y que mucho de lo que se hace en materia de políticas públicas entraña diferentes nociones éticas sobre el bien común y el progreso sobre las que dialogar y generar significados compartidos.

- Optimizar los mecanismos colectivos de toma de decisiones significa mejorar y perfeccionar los procesos mediante los cuales se toman decisiones en un entorno de gobernanza abierta, colaborativa y anticipatoria. Esto conlleva coordinar los espacios colectivos de manera efectiva, promover una participación activa y equitativa de todos los actores relevantes, equilibrar los momentos para las lluvias de ideas y los momentos para llegar a conclusiones compartidas, fomentar la transparencia, el diálogo y la retroalimentación para lograr decisiones más informadas y consensuadas. De nuevo, demanda ciertas actitudes individuales y procedimientos y métodos colectivos. La consulta deliberativa referenciada arriba parece un enfoque prometedor.

- Afinar las habilidades para fomentar espacios para la participación de actores consiste en mejorar las capacidades y competencias necesarias para crear y promover entornos donde todos los actores relevantes puedan participar activamente. Esto implica desarrollar habilidades de facilitación, escucha activa y gestión de conflictos para garantizar una participación inclusiva, permitiendo que diversas perspectivas y opiniones contribuyan a la formulación de soluciones adaptadas a las necesidades de la comunidad o la organización.

- Establecer sistemas inteligentes requiere de la implementación de estructuras y procesos que utilicen tecnologías y datos para mejorar la toma de decisiones y la eficiencia. Estos sistemas inteligentes pueden aprovechar la inteligencia artificial, el análisis de datos y otras tecnologías para anticipar desafíos, facilitar la colaboración y promover una gestión más eficaz. Además de esa faceta técnica, se avanza en inteligencia colectiva cuando una organización intenta aprovechar los talentos, capacidades y pensamientos de sus miembros de manera combinada y armonizada, sin depender de unas pocas personas excesivamente capaces.

- Democratizar la estructura de la organización significa abrir y descentralizar el poder y la toma de decisiones dentro del marco de la gobernanza colaborativa. Esto conduce a fomentar la participación activa y equitativa de todos los miembros, logrando así una gestión más democrática.

- Avanzar hacia la sostenibilidad ambiental y cognitiva implica progresar en la dirección de un enfoque de gobernanza abierta, colaborativa y anticipatoria que promueva la protección del medio ambiente y el desarrollo sostenible, al mismo tiempo que se fomenta el uso consciente de la información y el conocimiento para abordar los desafíos presentes y futuros. Esto hace necesario considerar el equilibrio entre el bienestar humano y la conservación de los recursos naturales, así como aprovechar el potencial de la inteligencia colectiva para tomar decisiones informadas y adaptativas. La sostenibilidad cognitiva también hace referencia a la capacidad de una comunidad de saber producir, procesar y gestionar mucho de lo necesario para vivir sin grandes dependencias del exterior (García-Magariño & Belintxon, 2021).

- La participación incluya la promociónde una participación significativa, informada y responsable de los diversos actores civiles para una adecuada toma de decisiones sobre acciones y proyectos, con miras a su desarrollo responsable y sostenible. Existen diferentes modalidades para dinamizar la participación, entre ellas se han de destacar los "procesos deliberativos al azar" o "por sorteo". Sin embargo, sea cual sea la modalidad (espacios para la legitimación de políticas, para la conexión con el conocimiento experto, para la interlocución y la implementación de acciones y cambios, para la simple escucha[2]) se han de tener en cuenta cinco dimensiones esenciales, a fin de que las iniciativas participativas cumplan su función: a) una rigurosa representación de la distribución sociodemográfica de la población; b) una formación adecuada de los intervinientes sobre las cuestiones que se han de debatir; c) una coordinación y dinamización apropiada; d) incentivos para la participación; e) claridad con respecto los objetivos.

- Refinar la gobernanza corporativa se refiere a mejorar y perfeccionar la estructura, los procesos de toma de decisiones y la distribución de información y de recursos dentro de una organización, prestándole especial atención a la dirección de esta. Cuando más compleja es una

---

[2] En el informe de *Globernance* para el ayuntamiento de Azkoitia, titulado *Coordinación de proyectos en Azkoitiz* (2023), se describen diferentes tipos de espacios de participación que el gobierno puede abrir para informar las políticas públicas.

organización, más desafíos supone la coordinación entre los estamentos directivos. Una universidad, por ejemplo, tiene un equipo rectoral, un consejo social, unos decanatos y unas direcciones de departamento que comparten responsabilidades diversas relacionadas con la dirección. ¿Cómo establecer un sistema sólido de gobernanza corporativa que libere sinergias y mayor agencia para la acción colectiva y evitar conflictos? Una Fundación tiene un patronato y una junta directiva; una empresa unos accionistas, unos consejeros, unos directivos...

- Reforzar los canales y formas de comunicación consiste en fortalecer los medios y métodos a través de los cuales se comparte información tanto a nivel interno como externo. Al mejorar la comunicación, se promueve un flujo constante de información, lo que permite compartir conocimientos, perspectivas y preocupaciones, así como acceder a un mayor nivel de información. Además, una gestión más informada y receptiva a través de la comunicación mejora la eficacia y el impacto de las acciones emprendidas para abordar los desafíos presentes y futuros con mayor solvencia. Por tanto, mejorar los flujos formales e informales de comunicación dentro de la organización y de la organización hacia afuera es un tema muy relevante de gobernanza, máxime en un contexto donde la cantidad de información que se comparte y el número de canales para ello han crecido exponencialmente.

- Usar la tecnología de forma apropiada (algoritmos, gobierno abierto, datos) implica aplicar las herramientas tecnológicas de manera responsable y efectiva dentro del marco de la gobernanza, logrando también un mayor acceso a la información. Además, se busca utilizar datos e información en tiempo real para anticipar desafíos y adaptar las estrategias para una gestión más efectiva y adecuada a la realidad. Esto implica utilizar la tecnología asegurando el beneficio común y respetando los derechos y privacidad de las personas. Asimismo, se debe asegurar que los algoritmos o datos que se utilicen sean imparciales, no discriminatorios y se comprendan sus implicaciones para evitar sesgos que puedan afectar a ciertos grupos o individuos. La alfabetización tecnológica, cuyo fin reside en aumentar la habilidad de descifrar los valores inherentes a cada dispositivo tecnológica y en anticiparse a las posibles consecuencias (culturales, económicas…) de la adopción a gran escala de algunos dispositivos, entra dentro de este proceso.

- Planificar de manera estratégica considerando las incertidumbres del entorno y teniendo en cuenta el corto, el medio y el largo plazo: el futuro debe trabajarse desde hoy para lograr anticiparse a los problemas. Para ello es necesario analizar el entorno y las tendencias, identificar posibles escenarios futuros y tomar decisiones informadas para anticiparse a los problemas y aprovechar oportunidades. El enfoque a largo plazo busca una gestión más sostenible y adaptativa, mientras que las acciones a corto y medio plazo se alinean con la visión a largo plazo para lograr los objetivos que se vayan fijando.

- Instituir la transparencia y la rendición de cuentas, aprovechando el talento humano, se refiere a establecer una cultura de gobernanza abierta, colaborativa y anticipatoria, donde la transparencia en la información y decisiones sea la norma. La rendición de cuentas implica que los actores involucrados sean responsables de sus acciones y resultados. Además, se busca valorar y utilizar el talento humano disponible, promoviendo el aporte de diferentes perspectivas y habilidades. Transparencia, no obstante, no es sinónimo de nudismo ni representa un valor absoluto. La transparencia también necesita límites, ya que muchas decisiones políticas, en contextos de transparencia absoluta, no se podrían haber tomado. La discreción es otra cualidad que debe complementar la transparencia.

- Asegurar la claridad y estabilidad normativa y procedimental conlleva garantizar que las reglas, normas y procedimientos que rigen una organización sean claros, comprensibles y estables en el tiempo.

Esto significa que se han de evitar cambios frecuentes y brindar certeza a los actores involucrados, lo que facilita la toma de decisiones y la planificación a largo plazo. Además, una normativa estable y transparente favorece la participación y confianza de los ciudadanos y contribuye a una gestión más efectiva y predecible de los asuntos públicos. En el nivel estatal, la seguridad jurídica es altamente demandada por las empresas para poder tomar decisiones acerca de dónde y cómo invertir capital y esfuerzos. Cambiar las normas de juego en medio del partido suele ser contraproducente, aunque en algunos casos haya que hacerlo.

- Revertir los beneficios en el contexto local donde se inserta la organización, es decir, la comunidad o área geográfica en donde opera la organización. La comunidad ha de beneficiarse de los resultados positivos y de los recursos generados en los procesos que se lleven a cabo. Esto implica reconocer la responsabilidad social y ambiental de la organización y promover la sostenibilidad a nivel local. Al devolver los beneficios, se busca contribuir al desarrollo económico, social y ambiental de la comunidad, fortaleciendo los lazos entre la organización y su entorno para generar un impacto positivo, más amplio y justo.

- Trascender la responsabilidad social corporativa y comprometerse con el progreso social significa ir más allá de simples acciones filantrópicas o de cumplimiento mínimo de obligaciones sociales. Este mecanismo conlleva asumir un compromiso más profundo y activo para generar un impacto positivo en la sociedad, mediante la promoción de iniciativas que busquen abordar desafíos sociales, económicos y ambientales de manera sostenible. Se trata de adoptar un enfoque integral que considera el progreso social como una parte fundamental para el avance, colaborando con diversos actores para alcanzar soluciones más efectivas y duraderas.

- Acomodar el interés particular al bien común conlleva armonizar los intereses individuales o de grupos con el beneficio general de la sociedad. Esto entraña considerar y equilibrar las diferentes perspectivas y necesidades, buscando soluciones que promuevan el bienestar colectivo y la sostenibilidad a largo plazo. Se busca evitar decisiones exclusivas que solo beneficien a ciertos grupos o individuos en detrimento del interés general, promoviendo una gestión más inclusiva y responsable que priorice el bienestar de toda la comunidad.

- Reducir las brechas competenciales y salariales se refiere a tomar acciones para disminuir las diferencias en habilidades y capacidades entre los trabajadores y las disparidades en los niveles salariales dentro de una misma organización. Para ello, es necesario implementar políticas y programas que promuevan la igualdad de oportunidades, el desarrollo profesional y la equidad salarial, buscando una distribución más justa y equitativa de los recursos y oportunidades para todos los miembros de la comunidad. Se pretende crear un entorno inclusivo y propicio para el crecimiento individual y el progreso colectivo. También es necesario que quienes estén posiciones de dirección valoren el talento de cada persona e intenten sacar el máximo provecho del mismo, ofreciendo oportunidades a todo el equipo para crecer intelectual, emocional y económicamente.

- Institucionalizar la conexión con el conocimiento experto (laboratorios locales de ideas, *think tanks*) significa establecer un vínculo permanente y formal entre la toma de decisiones y los expertos en diversos campos a través de la creación de espacios de reflexión conjunta. Esto se hace para aprovechar el conocimiento especializado existente en la localidad o región donde se inserta la administración pública y la investigación independiente formulación de políticas y estrategias. Al institucionalizar esta conexión, se busca mejorar la calidad de las decisiones y fomentar un enfoque basado en la evidencia, lo que puede llevar a soluciones más efectivas y adaptadas a las necesidades locales y contextuales.

- Capacidad de negociación. Parte del supuesto de que cada agente que está en la mesa tiene un interés particular. Mediante la capacidad de negociación se puede maximizar el reflejo de los intereses propios en un lugar en el que hay conflictos.

- La capacidad de llegar a acuerdos con la oposición dentro de la gobernanza abierta, colaborativa y anticipatoria implica la habilidad de encontrar puntos de convergencia con quienes tienen perspectivas diferentes o en desacuerdo. Esto implica ceder en ciertos aspectos y enfocarse en objetivos comunes para avanzar en la toma de decisiones. La clave está en buscar el bienestar general y la solución de problemas por encima de intereses individuales, promoviendo la cooperación y la construcción de consenso para lograr resultados beneficiosos y equitativos. Sin embargo, en ocasiones, cuando las partes solo persiguen su interés, la capacidad de negociar ayuda a llegar a acuerdos que no perjudiquen las aspiraciones individuales legítimas. El interés particular, no obstante, en el medio y largo plazo, es altamente dependiente del bienestar general.

La lista de mecanismos descrita no es exhaustiva, pero sirve de base para diseñar intervenciones focalizadas en diferentes ámbitos relacionados con la buena gobernanza. Además, a medida que se generan buenas prácticas y que surgen experiencias exitosas de buen gobierno en diferentes partes del mundo, al ser parte del discurso y comunidad global preocupados por la buena gobernanza y gestión pública de los recursos, se tipifican nuevos mecanismos y la lista aumenta.

1.2.ii Las capacidades medulares de la gobernanza

Aspirar a introducir más de 20 mecanismos en un equipo de gobierno es también demasiado. Por ello, con la experiencia se ha podido observar que existen cuatro capacidades que, una vez desarrolladas hasta cierto nivel (pueden crecer de manera infinita), favorecen el descubrimiento y crecimiento del resto de capacidades y mecanismos vinculados con la gobernanza efectiva, abierta, colaborativa, anticipatoria…

La primera capacidad tiene que ver con la configuración de espacios para que actores muy diversos (privados, públicos, civiles, expertos, ciudadanos) diagnostiquen, deliberen, diseñen propuestas e implementen soluciones de forma conjunta. Si un gobierno logra esa capacidad, es posible que pueda resolver uno a uno todos los problemas a los que se enfrenta.

La segunda, tan vital como la anterior, es la configuración del gobierno alrededor del aprendizaje y la generación de conocimiento práctico. Si un gobierno logra establecer un sistema de funcionamiento para aprender de los errores, documentar las experiencias, acumular el acervo de aciertos e introducir dicho aprendizaje en la toma de decisiones posterior, es cuestión de tiempo que resuelva con éxito todo lo que aborde.

La tercera es la capacidad de potenciar ambientes, relaciones y sistemas colaborativos, de nutrir contextos de unidad, de gestionar la diversidad para que enriquezca al todo y de resolver los conflictos pacíficamente de modo que fortalezca la cohesión e incremente el poder de acción colectiva. Esta pauta relacional ha de aplicarse tanto dentro del gobierno, como en las relaciones entre el gobierno y los funcionarios técnicos, en los departamentos de la administración pública, en las relaciones del gobierno con la empresa, los ciudadanos, la sociedad civil y los expertos, en la relación con la oposición y en la relación con los niveles superiores e inferiores de la administración. Por ello, el desafío adquiere dimensiones heroicas, sobre todo si se tiene en cuenta las dinámicas competitivas que siguen vertebrando la organización social.

Por último, el avanzar hacia un tipo de liderazgo transformador que se enfoque en empoderar a otros, en cultivar capacidad en otros y en nutrir a otros para actuar con iniciativa, aunque dentro de un contexto de cierto orden, se torna vital.

CAPÍTULO II: **CASOS DE INNOVACIÓN DE LA DIPUTACIÓN FORAL DE GIPUZKOA**[3]

La innovación es un proceso constante y vital en todas las áreas de la vida moderna, y la gobernanza colaborativa es una noción que intenta condensar las herramientas más efectivas para lograr gobernar la sociedad y gestionar el ámbito público. En este sentido, el conocimiento de los casos de innovación locales vinculados a la gobernanza colaborativa es de suma importancia para aprender y desarrollar capacidades.

En primer lugar, conocer los casos de innovación locales permite a los individuos y organizaciones comprender las prácticas y estrategias que han llevado al éxito de proyectos innovadores. Esto a su vez permite identificar las mejores prácticas y aplicarlas en proyectos futuros.

En segundo lugar, los casos de innovación locales pueden servir como modelos de inspiración y motivación para otras comunidades y organizaciones. Estos casos pueden mostrar que la innovación es posible, lo que puede impulsar el desarrollo de capacidades en aquellos que buscan crear cambios positivos en sus comunidades.

En tercer lugar, el conocimiento de los casos de innovación locales vinculados a la gobernanza colaborativa puede ayudar a los individuos y organizaciones a desarrollar una comprensión más profunda y práctica de los principios y valores de la gobernanza colaborativa. Esto a su vez puede fomentar una cultura de colaboración y participación ciudadana, que son elementos clave para el desarrollo de soluciones innovadoras y sostenibles.

---

[3] La información recogida en este apartado proviene de tres fuentes principales: la página web de la Diputación Foral de Gipuzkoa (https://www.gipuzkoa.eus/es/diputacion), el libro *Balance 2022 de Etorkizuna Eraikiz* (DFG, 2022) y el libro *Building collaborative governance in times of uncertainty* (Barandiaran et al., 2023).

La importancia de conocer los casos de innovación locales vinculados a la gobernanza colaborativa, en este caso las prácticas de innovación impulsadas desde la Diputación Foral de Gipuzkoa, radica en la capacidad de aprender y desarrollar capacidades a través del conocimiento práctico. Estos casos pueden servir como modelos a seguir, impulsar el desarrollo de soluciones innovadoras y sostenibles, y fomentar una cultura de colaboración y participación ciudadana. Por lo tanto, es esencial que se promueva y se comparta información sobre los mismos para maximizar su impacto y beneficios.

Es más, se ha de destacar que cuando se habla de innovaciones impulsadas por la Diputación Foral de Gipuzkoa, hay que tener en cuenta un doble enfoque: la promoción activa de prácticas innovadoras y la implementación de políticas y normativas que favorecen el progreso local.

Así, es vital reconocer la importancia de ambos aspectos, ya que una base de su éxito consiste en haber canalizado una atención equitativa hacia ambas direcciones, reconociendo que el verdadero cambio se gesta en la confluencia de ambas esferas. Es el clásico debate en las ciencias sociales sobre la tensión entre la agencia y la estructura, la evolución social espontánea y su relación con los cambios normativos formales. ¿Cambia la ley porque ha cambiado la sociedad y los cambios legislativos cambian la sociedad?

Un testimonio claro de esta dualidad reside en las innovaciones que a continuación se expondrán. Estas se dividen en dos categorías distintas pero complementarias: las que se enlazan con experiencias prácticas de innovación y aquellas que se relacionan con innovaciones políticas manifestadas a través de la creación de nuevas normas.

En esta línea son de destacar la Norma de Buen Gobierno desarrollada desde la Dirección General de Servicios e Innovación y Transformación y la Norma de Participación impulsada desde la Dirección General de Participación.

Por lo tanto, la experiencia de Gipuzkoa destaca la necesidad de un abordaje integral que abarque tanto las prácticas como las políticas y las normas para lograr un cambio significativo y sostenible. La combinación de innovaciones prácticas, políticas y legislativas demuestra cómo la interacción armoniosa entre ambas esferas puede conducir a un desarrollo más equitativo, transparente y participativo en beneficio de todos los habitantes de la región.

Por último, antes de desarrollar en detalle algunas de las iniciativas promovidas por la Diputación Foral de Gipuzkoa, es importante entender que estas pueden estar impulsadas desde distintos departamentos, ya que la Diputación está organizada en 9 carteras principales y cada una de ellas cuenta con su diputado o diputada, y con distintas direcciones generales vinculadas a diversas temáticas.

En el presente documento se van a analizar algunas de las iniciativas vinculadas a la gobernanza colaborativa que se han impulsado desde el departamento de gobernanza y desde el gabinete del diputado general.

Por otro lado, se ha de aclarar que la información que se presenta a continuación ha de ser concebida como una fotografía del momento que no logra captar una realidad complejaque está en transformación y en redefinición constante. En efecto, la Diputación Foral de Gipuzkoa se encuentra inmersa en una reflexión continua, destinada a potenciar las mejoras asociadas a las innovaciones impulsadas. En este sentido, las iniciativas están en un proceso evolutivo constante que facilitan adaptarse a las necesidades del momento.

2.1. ETORKIZUNA ERAIKIZ

El proyecto *Etorkizuna Eraikiz* es una iniciativa llevada a cabo por la Diputación Foral de Gipuzkoa, en el País Vasco, con el objetivo de promover la transformación económica y social de la región hacia un modelo más sostenible, innovador y orientado hacia el futuro.

La iniciativa, a pesar de extenderse a casi todas las iniciativas de la diputación, se centra en cuatro áreas principales: la transición energética, la digitalización, la economía circular y la inclusión social. Estas áreas fueron seleccionadas tras un proceso de diagnóstico y análisis de las necesidades y oportunidades de la región.

En el ámbito de la transición energética, el proyecto *Etorkizuna Eraikiz* tiene como objetivo reducir la dependencia de los combustibles fósiles y promover el uso de fuentes de energía renovable. Entre las acciones llevadas a cabo en este ámbito se encuentran la promoción de proyectos de energías renovables y eficiencia energética, la puesta en marcha de una estrategia de movilidad sostenible y la implantación de un sistema de gestión de residuos basado en la economía circular.

En cuanto a la digitalización, el proyecto busca impulsar el desarrollo de la economía digital en la región y mejorar la competitividad de las empresas locales en este ámbito. Para ello, se ha creado una plataforma de innovación y colaboración empresarial que permite la conexión entre empresas, instituciones y centros de investigación para desarrollar proyectos innovadores.

La economía circular es otra de las áreas de actuación del proyecto *Etorkizuna Eraikiz*. La iniciativa busca fomentar la reducción, reutilización y reciclaje de los residuos generados en la región, así como la promoción de la producción y consumo de bienes y servicios más sostenibles y circulares.

Por último, en el ámbito de la inclusión social, el proyecto *Etorkizuna Eraikiz* tiene como objetivo impulsar la creación de empleo de calidad y mejorar la empleabilidad de colectivos vulnerables. Para ello, se han puesto en marcha programas de formación y empleo específicos para estos colectivos, así como proyectos de emprendimiento social.

En resumen, el proyecto *Etorkizuna Eraikiz* es una iniciativa ambiciosa y transformadora que busca promover un cambio en el modelo de desarrollo de la región de Gipuzkoa hacia un modelo más sostenible, innovador y equitativo. A través de acciones concretas en las áreas de la transición energética, la digitalización, la economía circular y la inclusión social, se busca impulsar la creación de empleo de calidad, mejorar la competitividad de las empresas locales, fomentar la innovación y la colaboración entre diferentes sectores y actores y, por último, promover un desarrollo sostenible y equitativo en la región.

Se ha de destacar que el proyecto *Etorkizuna Eraikiz* se impulsa desde el Gabinete del Diputado General e implica al resto de departamentos de la Diputación Foral de Gipuzkoa, siendo así una iniciativa transversal que ayuda a dar forma y a unificar bajo un mismo sentido y filosofía la gran diversidad de proyectos impulsados desde los diferentes departamentos de la diputación.

La iniciativa Etorkizuna Eraikiz impulsada por la Diputación Foral de Gipuzkoa tiene cada vez más peso en el territorio y está siendo dada a conocer también fuera de Gipuzkoa. Así, en marzo del 2023, la Diputación Foral de Gipuzkoa presentó Etorkizuna Eraikiz ante la Comisión Europea[4].

2.1.i Por qué surge

En el año 2007, para comprender mejor la visión de la ciudadanía sobre el gobierno, desde la Diputación Foral de Gipuzkoa se decidió realizar una encuesta. A modo de resultado se encontró que había una gran desafección política hacia el sistema institucional.

---

[4] Noticia de la presentación de Etorkizuna Eraikiz ante la Comisión Europea: https://www.gipuzkoa.eus/es/-/la-diputaci%C3%B3n-foral-presentar%C3%A1-ma%C3%B1ana-etorkizuna-eraikiz-ante-la-comisi%C3%B3n-europea

El problema principal no eran los partidos en sí, sino la distancia de la ciudadanía de las instituciones.

Una vez detectada la necesidad de acercar el gobierno y la política a la sociedad civil, se comenzó a diseñar el proyecto Gipuzkoa Aurrera.

Gipuzkoa Aurrera fue una plataforma de trabajo entre instituciones públicas: Ayuntamiento de Donostia-San Sebastián, Diputación Foral de Gipuzkoa e instituciones empresariales (Mondragón, Cámara de Comercio…).

El objetivo de este proyecto era llevar los grandes retos del territorio a buen puerto y diseñar estrategias para darles respuesta.

Desde Gipuzkoa Aurrera se detectó que había una brecha entre los retos estratégicos y la acción política, y que era necesario dotar de legitimidad al gobierno, más allá de la legitimidad puntual de las urnas, para que pudiera actuar dando respuesta a los retos concretos del territorio: el puerto, el aeropuerto, el problema de las basuras…

Así surgió la idea de la colaboración público-privada, ya que la cooperación entre agentes diversos podría ser un buen marco para esa legitimidad.

Gipuzkoa tenía tradición de acción social y de trabajo por el bien común. Así que se decidió que se podía partir de ese conocimiento y de las experiencias existentes en el territorio para mejorar la imagen y transformar tanto la economía como la política.

Esta conexión público-privada tenía 3 objetivos:

- Recuperar centralidad.

- Lograr una nueva concepción de la política.

- Promover un liderazgo compartido, tanto público-privado como de participación ciudadana.

Sin embargo, a pesar de llevar a cabo esta iniciativa y generar nuevos vínculos de colaboración, hubo una gran crítica por parte de la oposición.

Desde la oposición se cuestionaba la plataforma público-privada como algo poco democrático. Esta crítica caló y se consideró que las decisiones no deberían ser trasladadas al ámbito privado.

La ambición intelectual del proyecto no se correspondía con los recursos. No obstante, se establecieron contactos exteriores con gente que trabajaba de otra forma que sirvieron como base para seguir construyendo en esta línea e incorporarse en un mundo conceptual para hacerlo mejor.

El Diputado general no tenía ambición de poder, por ello, aceptó renunciar a cuotas de poder para transferirlas a la plataforma público-privada. Había que compartir los retos y el diputado general estaba a favor de aceptar la deconstrucción.

A comienzos del 2008, *Gipuzkoa Aurrera* tuvo poca tracción para los proyectos estratégicos del territorio debido a los proyectos estratégicos dependían mayormente de la Comunidad Autónoma y del Estado.

Como Gipuzkoa contaba con gran capital social que era una buena base para desarrollar muchos proyectos y generar valores (identidad comunitaria, solidaridad, cooperación), a modo de rama proveniente de *Gipuzkoa Aurrera* se creó *Gipuzkoa Sarean* de la mano de Orkestra. Desde *Gipuzkoa Sarean* se preguntaron si se podían estudiar, gestionar y transformar estos valores.

Gipuzkoa Sarean dió origen a un laboratorio de innovación social para más interacción democrática y solidaria, con el fin de transformar las políticas públicas. En estos años se fueron definiendo nuevos modelos de interacción y colaboración.

En el 2011 se perdió el gobierno. Con el cambio de gobierno se dejó a un lado la iniciativa *Gipuzkoa* Aurrera tal y como estaba planteada, pero la oposición la transformó en un laboratorio de desarrollo regional que buscaba modelos de desarrollo alternativos, menores, locales, para aterrizar en la pequeña y mediana empresa, la comarca, y aportar a la prosperidad económica.

Así, *Gipuzkoa Sarean*, dimensión de *Gipuzkoa Aurrera*, siguió durante la legislación, manteniendo parte de su red y haciendo que en un futuro fuera más fácil darle continuidad al proyecto y trabajar junto a las pequeñas y medianas empresas.

En el 2015, se recuperó el gobierno y *Gipuzkoa Sarean* volvió a coger fuerza. La oposición respetó mucho todos los procesos, menos el tema de las basuras y algunas de las políticas sociales, abogando por una mayor intervención de lo público.

De esta manera, lo que en el espacio público y en el debate político se presentaba con mucha virulencia, a nivel interno del proyecto los cambios no fueron agresivos, facilitando la continuidad.

En el 2015 se tenía más experiencia y más conocimiento de los distintos modelos de Gobernanza. En este año se hizo un nuevo estudio, cuyas conclusiones fueron las siguientes: el populismo había aumentado, el espacio público se había debilitado, existía un mayor individualismo, se detectaba menos solidaridad...

Partiendo de dichas necesidades se decidió crear *Etorkizuna Eraikiz*, con alguna variante con respecto a *Gipuzkoa Aurrera*.

En esta línea *Etorkizuna Eraikiz* se creó sobre dos supuestos:

1. Se ha producido una gran transformación en nuestro mundo que nos impone una nueva agenda. La tecnología en los países industrializados y la globalización producen un nuevo escenario económico, político y social. Este contexto afecta la estructura comunitaria de Gipuzkoa, País Vasco y España, y afecta a las nuevas realidades que engendra, tales como la seguridad ciudadana, la ciberseguridad, la complejidad, la incertidumbre, la adaptación a la aldea global, el envejecimiento, la digitalización y el futuro del trabajo.

2. Las cosas no se pueden hacer igual que en el pasado, por lo tanto, se ha de poner a la sociedad por encima de la política.

Basada en esos dos supuestos, se diseñó una nueva agenda pública con cuatro elementos u objetivos centrales:

- Transformación económica.

  A nivel económico, se corre el riesgo de quedar en la periferia del 1er mundo. Se ha de evitar convertirse en mano de obra del primer mundo. Para ello se han de potenciar el trabajo, las estructuras productivas y las cadenas de valor.

- Transformaciones sociales.

  Se ha de lograr la sostenibilidad económica de las políticas sociales. Es importante tratar de hacer frente a las desigualdades: género, identidades culturales, económicas, nivel cultural...

- Sostenibilidad.

  El desarrollo no es sostenible y su transformación requiere esfuerzos integrales, sistémicos y holísticos, ya que se está produciendo una situación irreversible. Se ha de hacer frente al cambio climático para abordar de manera seria y rigurosa los retos del futuro y trabajar en línea con los objetivos determinados en la agenda 2030. Se han de imponer políticas de sostenibilidad como la economía circular.

- Crisis de la democracia liberal.

  Estamos viviendo una crisis de la democracia liberar en la que las formas de gobernar están obsoletas, ya que fueron diseñadas para el siglo XIX, con una estructura pensada para las funciones, pero que ha sido desfasada por la realidad y la complejidad. No es solo una crisis del buen gobierno, se ha de buscar la eficacia, la transparencia, el impacto... Se ha de reestructurar el espacio público y desarrollar otra forma de gobernar.

Tras reflexionar sobre esos cuatro elementos, existía el convencimiento de que la sociedad iba delante de la política. Se podía ver el progreso económico, la mejora en las desigualdades y la evolución tecnológica en las empresas, mientras la administración pública estaba por detrás.

Gipuzkoa siempre ha tenido una industria potente y ha ofrecido servicios de calidad. Las empresas y las familias han ido evolucionando y adaptándose a la nueva realidad. En Gipuzkoa se pueden encontrar grandes empresas que son líderes internacionales, pero prácticamente desconocidas en el territorio.

La administración pública, por tanto, iba por detrás y necesitaba apostar por políticas sociales, que partieran de las iniciativas de la sociedad civil y aprendieran de las buenas prácticas del territorio.

Las empresas guipuzcoanas lo hicieron mejor porque su supervivencia dependía de ello. Así, pasaron de ser organizaciones tailorianas y funcionales a ser empresas horizontales, más eficientes y ágiles.

Sin embargo, las estructuras públicas no habían hecho eso. Por lo tanto, se llegó a la conclusión de que un nuevo modo de gobernanza era necesario. Así, la realidad cultural, política y económica de Gipuzkoa fue la que permitió y facilitó el diseño de *Etorkizuna Eraikiz*.

De esta manera, se concretó que en la administración pública se debía dar ese salto a la horizontalidad y a la gobernanza colaborativa, construyendo una sociedad civil vigorosa, partiendo del gran capital social e implicando a muchas organizaciones civiles.

De esta manera, en estos últimos años han podido ir surgiendo iniciativas sociales que comienzan desde la sociedad civil y se conectan con la administración pública para que esta les dé cobertura.

En este ambiente, se va creando y asentando *Etorkizuna Eraikiz*, que incluye en su base el aprendizaje y la experiencia previa que se habían adquirido a lo largo de las legislaturas, junto a una profunda reflexión social, cultural y política sobre como promover la gobernanza colaborativa.

2.1.ii El modelo *Etorkizuna Eraikiz*

El proyecto *Etorkizuna Eraikiz*, supone una innovación de la política, ya que transforma de manera profunda los procesos de deliberación y toma de decisiones, así como la cultura política y las formas de gobierno.

Etorkizuna Eraikiz es una experiencia basada en el compromiso institucional adquirido por la Diputación Foral de Gipuzkoa (DFG) para hacer posible y operativa la participación de distintos actores sociales en la reflexión y elaboración estratégica, generando espacios de deliberación y cooperación, con la intención de que las elaboraciones y reflexiones resultantes del proceso tengan una expresión en la agenda pública y en los avances estratégicos del territorio. No solo se aspira a pensar juntos, sino a diseñar soluciones y a implementarlas en conjunto.

Así, *Etorkizuna Eraikiz* se asienta sobre cuatro principios: el liderazgo institucional desde la DFG como garantía para su continuidad, la adecuación a la realidad territorial y social de Gipuzkoa teniendo en cuenta las características singulares del territorio, la creación de espacios abiertos de intercambio y la experimentación, y la generación de democracia, confianza y valor público para mejorar la calidad política.

Por lo tanto, *Etorkizuna Eraikiz* tiene la anticipación como eje, ya que trata de afrontar el diseño de la agenda pública y los retos del futuro, atiende al aprendizaje y a la mejora gracias a los procesos de experimentación que se llevan a cabo, y no solo lo hace desde el gobierno, sino en interacción con la sociedad y mediante la colaboración intersectorial.

Para llevar esto a cabo, identificar los retos del futuro e impulsar la transformación de la DFG, se han creado tres espacios de experimentación y colaboración: *Gipuzkoa Taldean*, *Gipuzkoa Lab* y *Proiektuen Bulegoa*.

GIPUZKOA ESCUCHA GIPUZKOA TALDEAN	GIPUZKOA EXPERIMENTA GIPUZKOA LAB	CENTROS DE REFERENCIA
Para identificar retos y necesidades de manera colectiva	Para diseñar y experimentar colectivamente soluciones a los retos del futuro	Afrontan de manera cooperativa proyectos sociales y económicos
Etorkizuna Eraikiz Think –Tank Presupuestos abiertos Proyectos ciudadanos	Proyectos experimentales	Mubil, Adinberri, ArantzazuLab eta beste batzuk

Gipuzkoa Taldean se centra en la escucha, deliberación y propuesta de proyectos. Dentro de este espacio, se coordinan los proyectos de la ciudadanía, los presupuestos abiertos y los *Think-Tank*, es decir, los espacios formados por equipos de trabajo que proponen ideas sobre temáticas anticipatorias. Todas las ideas y propuestas que provienen de *Gipuzkoa Taldean* son analizadas en *Proiektuen Bulegoa*, el órgano que sirve de enlace entre *Gipuzkoa Taldean* y *Gipuzkoa Lab*, y se encarga de la escucha, las decisiones y la transformación de las ideas en proyectos. Finalmente, en el espacio *Gipuzkoa Lab* se desarrollan los proyectos diseñados de manera experimental y práctica.

Las líneas transversales de estos espacios son la investigación, la internacionalización y la difusión de experiencias de buena gobernanza que abran las puertas a buenas prácticas futuras. A continuación se detallan las innovaciones y experiencias vinculadas a los tres espacios.

2.1.iii Innovaciones y experiencias vinculadas a *Gipuzkoa Taldean*

Etorkizuna Eraikiz Think-Tank

Gipuzkoa Taldean es el espacio que la Diputación Foral de Gipuzkoa ha creado para desarrollar la "escucha" y el *Think Tank* es uno de los mecanismos que utiliza para que personas expertas y organizaciones diferentes aporten su conocimiento-visión sobre los retos de Gipuzkoa a corto, medio y largo plazo.

Los *Think Tank* de *Gipuzkoa Taldean* son grupos de trabajo creados para generar conocimiento de forma colaborativa y entender los retos a los que Gipuzkoa se enfrenta al construir su futuro. Además, en *Gipuzkoa Taldean* se definen los procesos de mejora de las políticas de la Diputación Foral de Gipuzkoa que ayudaran a superar esos retos.

En general, los *Think Tanks* de *Gipuzkoa Taldean* están formados por:

- Personal de la DFG.

- Profesionales del sector privado.

- Representantes de los organismos de la sociedad civil organizada.

- Representantes de las universidades presentes en Gipuzkoa.

- Personas expertas de interés para la temática.

Actualmente existen *Think Tanks* sobre 4 ámbitos de reflexión:

1. El trabajo del futuro:

    La dinámica del mundo del trabajo está en pleno proceso de cambio y transformación. Esta transformación se ve impulsada por los avances tecnológicos como la inteligencia artificial, la digitalización y la robotización, así como por el impulso de la economía verde. Como resultado de estos cambios, se están generando nuevos empleos que demandan perfiles técnicos especializados y enfocados a la formación y capacitación continua.

    En este contexto, el éxito en la implementación de políticas y estrategias para la adaptación y preparación ante estos cambios resulta crucial para la sostenibilidad del modelo socioeconómico de Gipuzkoa.

2. El futuro del estado del bienestar

La crisis sanitaria actual ha tenido un impacto significativo en la población y ha planteado un futuro incierto en los ámbitos social, económico y sanitario. Ante esta situación, resulta imprescindible examinar el futuro de las políticas de bienestar social a través de la reflexión, la experimentación local y la producción de evidencia sobre las cuestiones y necesidades que la ciudadanía demanda. De esta manera, se podrán implementar políticas públicas que se adapten eficazmente a las necesidades de la población y contribuyan a mejorar la calidad de vida de la ciudadanía.

3. Nueva cultura política

La recuperación de la confianza de la ciudadanía implica el fomento de una cultura política renovada, fundamentada en actitudes y formas de pensar y actuar diferentes. Esta nueva cultura política se sustenta en la escucha activa y deliberativa, la gobernanza colaborativa y la experimentación de políticas públicas. De esta manera, se pueden establecer nuevas formas de relación entre la ciudadanía y sus representantes, que fomenten la participación ciudadana y permitan la identificación de necesidades y demandas sociales para la toma de decisiones y la implementación de políticas públicas eficaces y adaptadas a las necesidades de la población.

4. Recuperación verde

La pandemia de COVID-19 ha obligado a la sociedad a detenerse, lo que ha permitido observar cómo el planeta y su biodiversidad pueden recuperarse de manera rápida. Por lo tanto, es esencial evitar los errores del pasado y aprovechar esta oportunidad para fomentar una recuperación económica y una reconstrucción en verde.

Es importante que la reactivación económica de Gipuzkoa en respuesta a la pandemia de COVID-19 se centre en la sostenibilidad y en la neutralidad climática, avanzando hacia una economía más ecológica y sostenible. De esta forma, se pueden establecer bases sólidas para un futuro más sostenible y resiliente en el que la economía y el medio ambiente estén en armonía.

Presupuestos Abiertos

La Dirección de Participación Ciudadana de la Diputación Foral de Gipuzkoa (DFG) ha impulsado una iniciativa para fomentar el diálogo abierto y directo con la ciudadanía, de manera que ésta pueda expresar sus inquietudes, deseos y sugerencias en cada ejercicio presupuestario anual de la DFG.

En 2018 se presentó la primera iniciativa de Presupuestos abiertos que se ha mantenido desde entonces y ha incorporado mejoras al proceso según las experiencias y opiniones recibidas.

Este proceso se ha dividido en cinco fases comunes: participación, análisis de definición y proyectos, contraste del consejo social de participación ciudadana, selección ciudadana de proyectos y resultados, que ofrecen un listado definitivo de proyectos a incluir en los presupuestos.

A lo largo de las cuatro ediciones, más de 11.600 personas han participado con alrededor de 22.100 propuestas sobre los ámbitos prioritarios para el territorio, lo que demuestra el interés y la implicación de la ciudadanía guipuzcoana en la toma de decisiones públicas.

La DFG ha tenido en cuenta las preferencias y necesidades de la ciudadanía y ha destinado más de 3.5 millones de euros en estos años para impulsar los proyectos propuestos por la ciudadanía, lo que ha contribuido a mejorar la calidad de vida de la sociedad y ha consolidado el compromiso de la Diputación Foral de Gipuzkoa con la participación ciudadana y la transparencia en la gestión pública.

Proyectos ciudadanos

En el año 2022, el programa *Gipuzkoa Taldean*, dentro de la iniciativa *Etorkizuna Eraikiz*, ha subvencionado un total de 17 proyectos ciudadanos experimentales con una cuantía total de 590.000 euros. Dichas iniciativas, de carácter comunitario, han sido desarrolladas por distintas asociaciones, empresas y agentes del territorio y persiguen la creación de dinámicas innovadoras en cuatro áreas específicas: gobernanza colaborativa, desarrollo comunitario, participación juvenil y cooperación intergeneracional.

Con esta nueva edición, la institución foral ha impulsado en total 125 proyectos experimentales que están contribuyendo a transformar la sociedad y el territorio y a construir la Gipuzkoa del futuro con una visión de competitividad, solidaridad y sostenibilidad ambiental.

2.1.iv Boost Gipuzkoa

La iniciativa *Boost*, impulsada por *Etorkizuna Eraikiz*, tiene como objetivo buscar tendencias inspiradoras y cuestionar aquellas para las que aún no tenemos respuesta. La finalidad es analizar las tendencias globales y detectar futuros posibles, a través de la escucha activa de personas expertas y no expertas, con el fin de identificar oportunidades para el territorio.

En un momento de incertidumbre, la expresión "cambio de paradigma" se queda corta para describir la situación actual en la que todo está en plena redefinición y transformación, incluyendo nuestro sistema de creencias, sociedad, economía, bienestar y gobernanza. Por lo tanto, se activa *Boost* y se realizan encuentros periódicos en el espacio Kutxa Kultur de Tabakalera para repensar todo en clave de futuro.

2.1.v Innovaciones y experiencias vinculadas a Gipuzkoa Lab

Proyectos experimentales

Desde la DFG se están impulsando proyectos experimentales para profundizar en distintas áreas vinculadas a los retos de la Gipuzkoa del futuro.

Los proyectos experimentales impulsados dentro de Gipuzkoa Lab desde la Diputación Foral de Gipuzkoa son iniciativas de carácter comunitario que buscan fomentar la innovación y el desarrollo social y económico del territorio.

Estos proyectos están diseñados para probar nuevas soluciones a los desafíos que enfrenta la sociedad actual, con el fin de mejorar la calidad de vida de la ciudadanía y contribuir al crecimiento sostenible de la región.

Los proyectos son seleccionados mediante convocatorias públicas y reciben una subvención económica para su ejecución.

Los proyectos experimentales se llevan a cabo en diferentes ámbitos, como la gobernanza colaborativa, el desarrollo comunitario, la participación juvenil y la cooperación intergeneracional, entre otros.

Además, se busca la implicación activa de la ciudadanía en la definición, diseño y ejecución de los proyectos, a través de procesos participativos y de escucha activa.

Los resultados y aprendizajes de los proyectos experimentales son evaluados y difundidos para su posible replicación en otros contextos y territorios.

Estos son los proyectos experimentales impulsados dentro de Gipuzkoa Lab:

- Compromiso ciudadano por el clima.

  El objetivo es fomentar una acción ciudadana que sirva de ejemplo, comprometida con la lucha contra el cambio climático. Asimismo, se busca profundizar en la percepción social del fenómeno, las motivaciones necesarias para actuar y las estrategias más efectivas para promover un cambio en los hábitos de la población.

- Gipuzkoa, territorio 100% circular.

  Fomentar la adopción de prácticas de compra circular y sostenible en el territorio de Gipuzkoa con el objetivo de superar las limitaciones actuales y priorizando la importancia de la economía circular y las políticas de prevención, reutilización y reciclaje como medidas fundamentales y efectivas para combatir el cambio climático.

- Programa para la prevención de adicciones no químicas

  La realización de una investigación sobre la problemática de la ludopatía en la población infantil y juvenil en el territorio de Gipuzkoa tiene como objetivo recopilar datos y conocer la realidad del problema, lo que permitirá desarrollar acciones encaminadas a su prevención.

- Gipuzkoa, territorio ambidiestro

  El objetivo del proyecto es convertir a Gipuzkoa en un territorio líder en la implementación de la Gestión Ambidiestra. Para lograr esto, se busca generar en las empresas del territorio la necesidad de incorporar innovaciones en la gestión que mejoren su resiliencia y competitividad.

  Para este propósito, se creará y difundirá un Modelo de Referencia para la Empresa Ambidiestra que será validado mediante experiencias prácticas desarrolladas en empresas guipuzcoanas. Además, las actividades del proyecto se integrarán en la actividad de las tres universidades vascas que participan en la iniciativa para fomentar el desarrollo de talento humano y competencias empresariales en Gipuzkoa.

- Gipuzkoa Territorio Intraemprendedor

  Con el objetivo de hacer frente a la necesidad creciente de las pymes de Gipuzkoa de adoptar estrategias competitivas de transformación, especialmente en los sectores y cadenas de valor con una fuerte presencia en el mercado global en constante cambio, el emprendimiento empresarial se ha convertido en una pieza clave del "modelo Gipuzkoa".

  Este esfuerzo conjunto involucra a individuos, empresas, instituciones y agentes del territorio en actividades emprendedoras e intraemprendedoras enfocadas en la creación de nuevos negocios y empresas, incluyendo el desarrollo de *spin-offs* y la creación de negocios con un alto valor añadido.

- Recursos humanos y competencias en la Administración

  Se propone la implementación de un sistema de trabajo en la Diputación Foral de Gipuzkoa que se base en las competencias corporativas. Estas competencias serán consideradas como requisitos esenciales para trabajar y avanzar en la carrera profesional dentro de la institución.

- Programa para el desarrollo tecnológico de transporte en Gipuzkoa (MUGI)

  Con los programas para el desarrollo tecnológico de títulos de transporte en Gipuzkoa (MUGI) se pretende fomentar el transporte público de Gipuzkoa, ajustando el mismo a las necesidades propias del actual mundo tecnológico, consiguiendo así aumentar el uso de transportes sostenibles en Gipuzkoa.

- *Adinkide*

  Dado que la soledad no deseada en las personas mayores es un factor de riesgo que puede afectar su salud física y mental, una manera de mejorar su calidad de vida y bienestar es mediante la provisión de apoyo a través de compañía de voluntarios. Este enfoque tiene como objetivo contribuir al bienestar de los adultos mayores y proporcionarles un apoyo adicional.

- *Emakumeen Etxeak* (casas de mujeres)

  Se busca fomentar una reflexión compartida acerca de las Casas de Mujeres ubicadas en los municipios de Gipuzkoa como equipamientos estratégicos en la lucha contra la violencia machista y en favor de la igualdad. El objetivo es establecer un modelo territorial que permita desarrollar y mejorar estas instalaciones.

- *Kultura Eskola*

  El propósito de este proyecto es incentivar la participación de jóvenes de entre 12 y 16 años en actividades culturales y artísticas, con el objetivo de fomentar su sensibilidad y criterio artístico, y desarrollar una mirada crítica. Para ello, se promoverá la colaboración entre agentes culturales, educativos e institucionales, con el fin de incorporar estas actividades como aficiones e intereses en el desarrollo personal de los jóvenes.

- Nuevas Tecnologías en Hacienda

  Se propone llevar a cabo experiencias piloto para evaluar el uso de la computación cuántica en el análisis de datos, comparando los resultados obtenidos con algoritmos tradicionales y cuánticos en un caso de estudio concreto. De esta forma, se podrá explorar el potencial de las nuevas tecnologías para impulsar el desarrollo en este ámbito.

- GIS Corporativo

  El objetivo es proporcionar al Sistema de Información Geográfica Corporativo (GIS) las capacidades que permitan y estandaricen tanto la gestión como el uso de la información espacial por parte de las administraciones públicas y los ciudadanos.

- *Ibili*

  El objetivo del laboratorio es fomentar la innovación en el ámbito del euskera y desarrollar proyectos que aumenten su uso y conocimiento.

- *ChatBot*

  Se propone la implementación de una infraestructura tecnológica, que incluirá tanto hardware como software, con el fin de permitir a los diversos servicios de la Diputación Foral de Gipuzkoa la creación de interfaces conversacionales con la ciudadanía.

- Inteligencia Artificial y Big Data

  El objetivo es ofrecer tecnologías accesibles con una atención especial en la usabilidad y experiencia del usuario, añadiendo inteligencia a los datos y facilitando el acceso a las tecnologías más innovadoras para las administraciones y ciudadanos.

- Impulso de la presencia de las mujeres en los consejos de administración de las empresas

  El presente estudio tiene como objetivo analizar la presencia de mujeres en los consejos de administración con el fin de fomentar la igualdad de género en la toma de decisiones.

  Se busca explorar estrategias para incrementar la participación femenina en estos órganos de gobierno corporativo y garantizar un equilibrio de género adecuado.

- Nuevo Mecenazgo Cultural

  El proyecto aborda un proceso experimental que ha resultado en la creación de una norma foral que incentiva el mecenazgo cultural.

- Tecnologías para un turismo inteligente

  El objetivo es transformar a Gipuzkoa en un destino turístico inteligente, siguiendo el modelo establecido en el Plan Estratégico de Turismo 2020-2023, y abordando simultáneamente los cinco vectores recomendados por la Unión Europea y respaldados en el país por Segittur: Accesibilidad, Gobernanza, Innovación, Sostenibilidad y Tecnología.

- OK en Casa

  El objetivo del proyecto es establecer un modelo de asistencia para familiares que atienden a personas mayores con algún grado de dependencia. A través de una intervención que proporcionará formación, herramientas de organización, apoyo psicosocial y beneficios en servicios útiles, se probará la eficacia de este modelo en mejorar el autocuidado de los cuidadores, así como la calidad de atención que brindan a sus seres queridos.

- *Bizilagun Sarea*

  El proyecto *Bizilagun Sarea* es una iniciativa experimental que busca fomentar la creación de redes de solidaridad entre vecinos y ciudadanos.

- *GazteON sareLAN*

  Se plantea la creación de un modelo de intervención destinado a facilitar la emancipación y la transición a la vida adulta de personas jóvenes que atraviesan situaciones de dificultad personal, familiar y social.

El objetivo de esta iniciativa es fomentar la autonomía de los jóvenes ofreciéndoles un modelo de atención integral y sin interrupciones entre los 16 y 23 años, para brindar nuevas soluciones a adolescentes que se encuentran bajo la tutela y custodia de la Diputación Foral de Gipuzkoa.

- Gipuzkoa Coopera

La Diputación Foral de Gipuzkoa tiene como objetivo acercarse a la Cooperación al Desarrollo desde una perspectiva integral, promoviendo una colaboración que fomente el surgimiento de individuos y organizaciones con capacidad para ser agentes de cambio en sus respectivos entornos.

- Juventud e Innovación

La estrategia del proyecto se basa en la reflexión sobre la transformación de la ciudadanía y los centros educativos.

- Trayectorias laborales de jóvenes en Gipuzkoa

El propósito del proyecto consiste en producir nuevos conocimientos, recopilar evidencias e identificar fortalezas y debilidades con el fin de formular recomendaciones de actuación. Se busca obtener un análisis riguroso y sistemático que permita obtener información valiosa para la toma de decisiones.

- *Etxean Bizi* (vivir en casa)

El propósito del proyecto es lograr un modelo de atención sociosanitaria integrado y sostenible, enfocado en las personas que residen en sus hogares. El modelo se basará en la coordinación de servicios y apoyos necesarios para mejorar la calidad de vida de las personas y su familia.

- Conciliación e Igualdad

  Una meta importante de este proyecto es fomentar la conciliación corresponsable y la igualdad entre mujeres y hombres en el ámbito laboral y empresarial, así como promover la conciliación y la igualdad de género en varias empresas y organizaciones de Gipuzkoa. Con este fin, se busca mejorar la posición de las empresas guipuzcoanas a nivel nacional y europeo en lo que respecta a la promoción de la igualdad de género y la conciliación familiar, en línea con el objetivo de lograr una Gipuzkoa más unida y socialmente comprometida.

- Participación de los trabajadores y las trabajadoras

  El proyecto denominado *Langileen Partaidetza* tiene como objetivo fomentar la participación de los trabajadores y trabajadoras en las empresas radicadas en Gipuzkoa.

2.1.vi Innovaciones y experiencias vinculadas a los Centros y estrategias de Referencia *Etorkizuna Eraikiz*

2Deo

El laboratorio audiovisual 2DEO tiene como objetivo fomentar la producción y consumo audiovisual en euskera, así como experimentar con nuevos modelos y formatos de producción, multiplicar los canales de difusión y promover nuevos contextos de creación en colaboración con los agentes del sector audiovisual y la ciudadanía. Funciona como punto de encuentro del sector audiovisual vasco para impulsar la industria en el ámbito lingüístico, mediante la colaboración y el trabajo conjunto.

Adinberri

El centro de referencia *Adinberri* es un polo tecnológico y de investigación aplicada que tiene un carácter colaborativo y abierto. Su objetivo es vincular la actividad de asistencia sanitaria y de salud con la gestión del conocimiento y el desarrollo tecnológico e industrial en los ámbitos del envejecimiento, la salud y el bienestar.

Arantzazulab

Arantzazulab es un centro especializado en innovación en gobernanza y un impulsor de la innovación social. Su principal objetivo es profundizar y difundir la gobernanza colaborativa, lo que incluye la responsabilidad de reflexionar, investigar y experimentar con nuevos modelos de relación entre las instituciones públicas y la sociedad civil.

Está situado en el centro *Gandiaga Topagunea* de Arantzazu, y como centro de referencia el laboratorio busca difundir la cultura de colaboración en la sociedad, servir como punto de encuentro y lugar de aprendizaje activo para la ciudadanía, y ofrecer nuevas herramientas y conocimientos para aumentar la implicación y participación ciudadana en la agenda pública.

Badalab

El propósito de Badalab es integrar "variables de innovación y experimentación" en el proceso de revitalización del euskera, mientras se incorpora la dimensión lingüística en los procesos de innovación social. En este laboratorio se busca identificar nuevas oportunidades para el euskera y desarrollar nuevos prototipos para fomentar su uso y promover su crecimiento.

Elkar-ekin lanean

Este programa se enfoca principalmente en jóvenes entre 16 y 23 años con bajo nivel de cualificación, personas que han estado en situación de desempleo por más de dos años, individuos mayores de 45 años, mujeres víctimas de violencia de género o en procesos de empoderamiento, personas con baja cualificación o sin cualificación alguna, así como aquellas que se encuentran en situación de exclusión o riesgo de exclusión social.

Gantt

La Diputación Foral de Gipuzkoa lidera el proyecto GANTT *(Gipuzkoa Advanced New Therapies Territory)* en el marco de *Etorkizuna Eraikiz*. Su finalidad es consolidar a Gipuzkoa como una referencia mundial en el desarrollo de terapias celulares, génicas y de ARN con un enfoque industrial.

La estrategia persigue generar, de manera colaborativa, un ecosistema para el desarrollo de estas terapias, que están revolucionando el campo de la medicina. Gipuzkoa cuenta con importantes fortalezas y capacidades en este ámbito, por lo que se busca crear una cadena de valor para impulsar el sector en los próximos años.

LABe

LABe opera como un laboratorio y un espacio experimental de desarrollo de tecnologías y proyectos, así como una aceleradora de nuevos proyectos empresariales, desde una perspectiva profesional. Su objetivo es contribuir al diseño activo del futuro de la cadena de valor gastronómica y HORECA. Desde una perspectiva ciudadana, LABe busca fomentar la implementación de nuevos sistemas de elaboración de alimentos y la gestión inteligente de los productos.

Mubil

El objetivo de MUBIL es establecer a Gipuzkoa como un territorio especializado en electromovilidad, impulsando la investigación en soluciones avanzadas para desarrollar nuevos modelos de negocio de base tecnológica que cumplan con el compromiso de reducir la dependencia energética de origen fósil.

Naturklima

Este centro de referencia tiene como objetivo generar capacidad institucional, técnica y social para abordar los efectos del cambio climático en Gipuzkoa. Esto se logra mediante la promoción y aceleración de la ecoinnovación necesaria para una transición socioecológica efectiva.

Quantum

Se pretende aprovechar el dinamismo del ecosistema empresarial para continuar generando conocimiento y aplicarlo en el desarrollo de la cadena de valor y el emprendimiento. Todo esto se realizará en línea con las políticas establecidas para Euskadi y bajo una gobernanza orientada a la colaboración.

Ziur

Ziur tiene como objetivo ayudar a las empresas industriales a mejorar sus capacidades en ciberseguridad, fomentando la prevención de riesgos y promoviendo una mayor concienciación sobre las amenazas de la ciberseguridad.

2.2. INICIATIVAS DEL DEPARTAMENTO DE GOBERNANZA

A continuación, se presentan algunas iniciativas encaminadas a fomentar tanto la ética pública como la capacidad de participación de la ciudadanía y entidades. Estas iniciativas se enmarcan en el contexto actual de la democracia abierta y participativa, donde se promueve la transparencia y la participación ciudadana en la toma de decisiones políticas, valorando el papel de las organizaciones y entidades de la sociedad civil en el desarrollo y ejecución de políticas públicas.

La Dirección General de Participación ha desarrollado una serie de iniciativas con el objetivo de aumentar el grado de participación ciudadana y la colaboración con las entidades en la elaboración y seguimiento de políticas públicas. Algunos ejemplos de estos proyectos son: la creación de plataformas digitales que facilitan la comunicación entre la ciudadanía y la Administración pública, la organización de encuentros y jornadas para el intercambio de experiencias y buenas prácticas en materia de participación ciudadana, y la promoción de procesos participativos en el ámbito local, que implican a los vecinos y vecinas en la definición de los proyectos y servicios que se prestan en su entorno.

En definitiva, estos proyectos persiguen generar espacios de encuentro y diálogo entre la Administración y la ciudadanía y entidades, con el fin de fomentar la participación activa de los diferentes actores sociales en la toma de decisiones y la construcción de políticas públicas más efectivas y acordes con las necesidades y demandas de la ciudadanía.

2.2.i Norma de Buen Gobierno y Sistema de integridad

La Dirección General de Servicios e Innovación y Transformación de la Administración asumió la responsabilidad de crear un sistema de integridad para toda la Diputación Foral, así como de elaborar una norma de buen gobierno que legislara sobre múltiples ámbitos, tales como la transparencia, el registro de grupos de interés, la colaboración intersectorial y dentro de la administración pública, la necesidad de avanzar hacia un régimen de datos abiertos, sanciones por no cumplimiento... Con el apoyo del Instituto de Gobernanza Democrática, la Dirección General logró que se publicara la Norma Foral 4/2019, de 11 de marzo, de "Buen Gobierno en el marco de la gobernanza pública foral". Dicha norma se evaluó externamente antes de las elecciones municipales del 2023.

Es fundamental que una política de integridad institucional en el sector público aborde también el empleo público. Desde hace dos décadas, la OCDE y el Consejo de Europa (Congreso de Poderes Locales y Regionales) han defendido la extensión de las políticas de integridad no solo a los altos cargos de la Administración Pública, como el Gobierno y los cargos públicos ejecutivos, sino también a la función pública en sí misma.

La Diputación Foral de Gipuzkoa ha trabajado en el fortalecimiento de los valores de servicio público en el ámbito del empleo público foral. Una forma de lograr este objetivo es a través del sistema de integridad, que puede contribuir a mejorar el prestigio y la profesionalización de la institución de la función pública en la Administración Foral y a aumentar la confianza de la ciudadanía en sus instituciones.

Así, se ha de entender que el sistema de integridad de las instituciones públicas es un conjunto de medidas y herramientas que buscan fomentar y garantizar la ética y transparencia en la gestión pública. Estas medidas se orientan a prevenir y combatir la corrupción y otras formas de mala conducta en el sector público, así como a promover la eficiencia y eficacia en el uso de los recursos públicos. El sistema de integridad incluye políticas y normas de conducta, mecanismos de supervisión y control, capacitación y formación de los funcionarios, así como la promoción de la participación ciudadana y la rendición de cuentas (Manotas & Barandiaran, 2016).

Códigos de conducta y buenas prácticas

La Diputación Foral de Gipuzkoa ha implementado un código de conducta y buenas prácticas que se aplica a los miembros de la Diputación Foral, altos cargos públicos y personal asimilado de la Administración Foral de Gipuzkoa, así como a las entidades de su sector público.

La meta final del Código Ético y de Buena Gestión del Empleo Público Foral es crear una infraestructura ética en el empleo público foral que demuestre el compromiso profesional y la vocación de servicio, así como la ejemplaridad del empleo público foral.

Este Código y el sistema que lo acompaña están basados en 8 principios y 8 valores comprometidos con la promoción de una gobernanza ética, inteligente y eficiente, que construye la integridad en positivo. Se trata de una infraestructura ética clave que determina el compromiso firme en pos de un cambio tanto en la acción social como en las formas de gobierno y funciona a modo de ejemplo en el desarrollo de la actividad ejecutiva y de prestación de servicios a la ciudadanía.

La actuación de los cargos públicos forales es de gran importancia ya que representan la imagen de la Diputación. Por esta razón, es vital que los principios, valores y normas de actuación establecidos en el Código Ético sean compartidos y guíen el desempeño de los cargos públicos en la gestión pública.

El código de conducta de la Diputación Foral de Gipuzkoa establece explícitamente una serie de normas de conducta que reflejan los principios de representación, integridad, ejemplaridad, honestidad y desinterés, objetividad en la toma de decisiones, profesionalidad, eficiencia en la gestión, convivencia y respeto, así como los valores de liderazgo compartido, transparencia, apertura de datos, nuevos modelos de gestión e innovación, promoción del euskara, cohesión económico-social y equilibrio territorial, gobierno relacional y rendición de cuentas.

Además, el código de conducta es aplicable a distintos niveles, incluyendo la contratación pública, las ayudas y subvenciones de la DFG, y los grupos de interés que interactúan con la DFG.

Comisión ética

El Sistema de Integridad Institucional ha establecido una Comisión de Ética Institucional como un órgano independiente con la tarea de impulsar, promover, supervisar y garantizar el cumplimiento de los valores, principios y normas de conducta establecidos en los diferentes códigos de conducta aprobados por la Diputación Foral. Además, la Comisión tiene la responsabilidad de prevenir cualquier violación o conducta inapropiada que pueda dañar la imagen de la institución.

Estas funciones se aplican tanto a los cargos públicos y asimilados como al personal de la Administración foral y las entidades de su sector público.

La principal tarea de la Comisión es fomentar la difusión, comprensión y cumplimiento adecuado de los valores, principios y normas de conducta establecidos en los códigos correspondientes.

Así, la Comisión ética tiene como objetivo lograr garantizar el cumplimiento de los valores, principios y normas de conducta establecidos en los distintos códigos de conducta aprobados por la Diputación Foral, así como prevenir cualquier tipo de conducta que pueda ser perjudicial para la imagen de la institución. Además, se encarga de proporcionar respuestas a dudas, consultas y dilemas éticos, emitiendo informes o resoluciones.

Esta comisión también está encargada de recibir y tramitar denuncias o quejas, y proponer medidas para su resolución, incluso proponiendo cambios en los códigos de conducta y elaborando guías aplicativas, informes periódicos y memorias para evaluar la actividad del órgano.

Canal de comunicación para los funcionarios y para la ciudadanía

La Diputación Foral de Gipuzkoa ha establecido un canal de comunicación a través del sistema *WhistleB* con el fin de proporcionar confidencialidad y seguridad en la gestión de las denuncias y consultas relacionadas con su Sistema de Integridad Institucional.

Este canal ofrece la oportunidad de presentar consultas para aclarar la aplicación de los códigos de conducta de la organización o notificar sospechas de conductas indebidas o malas prácticas, identificando cualquier aspecto que no esté en línea con los valores y principios recogidos en los códigos éticos.

Se considera este canal como un sistema de alerta temprana para reducir riesgos, fomentar la ética pública y aumentar la confianza de la ciudadanía en la institución.

La Comisión de Ética Institucional recibirá las denuncias y consultas, las utilizará para aclarar posibles incumplimientos o malas conductas y propondrá medidas correctoras si se considera que se incumplen los valores y principios recogidos en los códigos éticos.

No se necesita proporcionar información personal en la consulta o denuncia, aunque la Comisión de Ética Institucional podría solicitar información adicional para una mejor resolución del asunto, siempre y cuando no se trate de datos personales. El canal *WhistleB* garantizará la confidencialidad y seguridad de toda la información y mensajes intercambiados, que quedaran guardados en el mismo.

Formaciones para el funcionariado

La Diputación Foral de Gipuzkoa está impulsando programas de formación que abordan temas relacionados con la integridad y el código ético y de buenas prácticas de la institución.

La difusión de los valores, principios y normas de conducta establecidos en el código ético y la realización de acciones y campañas de comunicación interna y externa son claves para promover el clima ético y prevenir comportamientos no adecuados, mejorando así la infraestructura ética y las buenas prácticas de gestión pública.

La Diputación Foral de Gipuzkoa organiza anualmente jornadas y encuentros dirigidos tanto al personal de la institución como a la ciudadanía en general, en los que se discuten temas relacionados con la ética y la integridad y se presentan los avances realizados por la institución en este ámbito.

Estas formaciones se enfocan en temas como los sistemas de integridad en el sector público, la transparencia en la esfera pública y la prevención de la corrupción mediante alertas tempranas. Además, se invita a expertos en la materia para impartir las formaciones.

En esta línea, otra de las iniciativas de la Diputación Foral de Gipuzkoa, en colaboración con la UNED y el Instituto de Gobernanza Democrática (*Globernance*), puso en marcha en 2018 el curso en línea llamado "Gobernanza Abierta y Colaborativa". Este programa de formación también se encuadra en la promoción de la integridad y el código ético y de buenas prácticas de la institución.

2.2. ii Evaluación del clima ético

Se llevó a cabo una investigación con un doble propósito que consistió en examinar el ambiente ético dentro del personal de la Diputación Foral de Gipuzkoa y en evaluar el nivel de conocimiento que dicho personal posee acerca del sistema de integridad institucional que ha sido implementado desde el año 2016.

La investigación se estructuró en torno a cuatro vectores:

a) Una encuesta sobre clima ético que fue distribuida a todos los empleados, pero que sólo fue respondida por alrededor del 10% del personal, es decir, un total de 201 personas.

b) Ocho entrevistas semiestructuradas realizadas a individuos de diferentes departamentos y funciones laborales, seleccionados según tres criterios específicos: que hubiera representantes de distintos departamentos para eludir el sesgo de cercanía a la Dirección General encargada de promover el sistema; que hubiera representantes de las distintas funciones labores de los trabajadores de la Diputación y que hubiera distribución de género.

c) Un análisis tanto de las encuestas como de las entrevistas.

d) Una evaluación final que incluyó ciertas recomendaciones, considerando los objetivos de la investigación.

Las conclusiones obtenidas tras la evaluación son las siguientes: en primer lugar, se ha evidenciado que el sistema de integridad institucional es muy poco conocido en todos los niveles de la organización. En segundo lugar, se ha observado que los mandos medios y bajos no muestran mucho interés en implicarse en el sistema. Por último, se ha constatado que la cultura organizativa delega la responsabilidad de resolver los dilemas éticos en la persona.

Además, cabe destacar que parte del desconocimiento del sistema de integridad se debe a la falta de casos que han requerido su uso por parte de los trabajadores.

2.2.iii Quinto compromiso de OGP Euskadi

La DFG ha liderado el compromiso 5 de OGP (Open Goverment Partnership)[5] Euskadi de creación de un sistema vasco de integridad pública.

La Alianza para el Gobierno Abierto (*Open Government Partnership* u OGP) es una iniciativa internacional que promueve la transparencia, la participación ciudadana y la rendición de cuentas en la gobernanza. Fue establecida en 2011 para mejorar la apertura gubernamental, combatir la corrupción y mejorar los servicios públicos.

Los países miembros se comprometen a implementar medidas concretas para lograr 5 compromisos principales, trabajando en colaboración con la sociedad civil. La OGP busca fortalecer la transparencia, la participación ciudadana, el uso de tecnología y la lucha contra la corrupción en todo el mundo.

Los 5 compromisos principales fijados por el *Open Government Partnership* (OGP) son los siguientes:

1. Mejora de la Transparencia: fomentar la divulgación proactiva de información gubernamental en todos los niveles, incluyendo datos sobre presupuestos, políticas, decisiones y operaciones. La transparencia permite a los ciudadanos entender mejor las acciones gubernamentales y tomar decisiones informadas.

2. Aumento de la Participación Ciudadana: impulsar la colaboración entre el gobierno y la ciudadanía para involucrar a las personas en la toma de decisiones y en la formulación de políticas. Esto puede realizarse a través de consultas públicas, mecanismos de retroalimentación y plataformas digitales.

---

[5] Más información en los siguientes enlaces: https://www.ogp.euskadi.eus/inicio/ y https://www.ogp.euskadi.eus/ogp-compromisos/-/sistema-vasco-de-integridad/

3. Lucha contra la Corrupción: adoptar medidas efectivas para prevenir y combatir la corrupción en todas sus formas. Esto incluye la implementación de prácticas anticorrupción sólidas y la promoción de la integridad en el sector público.

4. Utilización de la Tecnología e Innovación: aprovechar las tecnologías de la información y la comunicación para mejorar la eficiencia gubernamental, facilitar el acceso a la información y permitir una mayor participación ciudadana. La innovación tecnológica puede transformar la forma en que opera el gobierno.

5. Fortalecimiento de la Rendición de Cuentas: establecer mecanismos que aseguren que los gobiernos rindan cuentas por sus acciones y decisiones. Esto implica establecer medios para evaluar el desempeño gubernamental y garantizar que haya consecuencias por conductas indebidas.

Estos objetivos reflejan la visión central de la OGP de promover la apertura gubernamental a través de la transparencia, la participación ciudadana, la responsabilidad y la innovación.

En esta línea, la DFG se ha centrado en el desarrollo del 5 compromiso vinculado al sistema vasco de integridad.

2.2.iv Norma Foral de Participación Ciudadana[6]

La Norma Foral de Participación Ciudadana (5/2018) es un documento que busca enriquecer y fortalecer los sistemas democráticos representativos existentes en un entorno determinado. A pesar de la consolidación de estas democracias y su funcionamiento normalizado, se reconoce la necesidad de enfrentar sus limitaciones y abrir nuevas for-

---

[6] Acceso a la Norma Foral de Particpación Ciudadana: https://egoitza.gipuzkoa.eus/gao-bog/castell/bog/2018/11/23/c1807588.pdf

mas de participación ciudadana que enriquezcan y refuercen los fundamentos democráticos.

Este enfoque es especialmente relevante dado el surgimiento de sociedades cada vez más complejas, lo que puede llevar al distanciamiento entre las instituciones y la ciudadanía, al mismo tiempo que genera nuevas demandas de participación por parte de la sociedad.

Se enfatiza la importancia de impulsar formas directas de participación ciudadana que profundicen la naturaleza democrática de la sociedad. Este llamado a la participación se basa en principios recogidos en la Carta de Derechos Fundamentales de la Unión Europea, en documentos como el Libro Blanco "La Gobernanza Europea", y en recomendaciones del Consejo de Europa sobre la participación ciudadana en la vida pública local.

La participación ciudadana se presenta como un elemento central en la acción de los poderes públicos, con la responsabilidad de permitir y fomentar la contribución de la ciudadanía en la definición y ejecución de políticas públicas. Se establece una conexión directa entre la participación ciudadana y la transparencia en la actuación de los poderes públicos. La transparencia se considera esencial tanto para facilitar la participación como para garantizar la rendición de cuentas en la toma de decisiones.

La Norma Foral de Participación Ciudadana tiene como objetivo que la participación ciudadana se convierta en una herramienta fundamental para el buen gobierno de la sociedad por parte de los poderes públicos. No solo se espera que los poderes públicos faciliten la participación ciudadana, sino que también la activen y la impulsen, dándole una centralidad real en la gobernanza y en la formulación de políticas públicas desde sus etapas iniciales.

El contexto específico de esta norma es el Territorio Histórico de Gipuzkoa, que tiene una tradición sólida de asociacionismo y participación ciudadana en diversos sectores de interés público. La norma busca establecer instrumentos y canales adecuados para que la participación ciudadana de Gipuzkoa contribuya significativamente al gobierno de lo público, sin reemplazar las iniciativas asociativas existentes.

La norma se presenta como un instrumento que busca dar protagonismo efectivo a la participación ciudadana en la formulación y gestión de políticas públicas en el ámbito de competencia de la Diputación Foral, que actúa como órgano ejecutivo de gobierno en el Territorio Histórico.

La norma también destaca la innovación de incorporar procedimientos e instrumentos de participación directa en el ámbito de los procedimientos administrativos de ejecución, lo que anteriormente era menos común en instituciones ejecutivas de gobierno.

Además, se resalta la importancia de garantizar la igualdad de género en la participación ciudadana.

2.2.v Comisión foral para la participación ciudadana

La comisión foral para la participación ciudadana, creada con el objetivo de coordinar y supervisar los procesos participativos previstos en la norma foral, desempeña un conjunto de funciones clave.

Entre estas funciones, se encuentra la tarea de evaluar y, en su caso, aprobar o rechazar las solicitudes de iniciativas ciudadanas para la organización de procesos de deliberación participativa, así como la de resolver cualquier discrepancia que pueda surgir en relación con el ámbito territorial al que se refieren dichos procesos.

Además, la comisión también está facultada para establecer el momento adecuado para iniciar los procesos de deliberación, así como para proponer nuevas regulaciones que faciliten la aplicación de instrumentos de participación innovadores. Otra función destacable de la comisión es la de elaborar el Programa Participativo de la Diputación Foral y asegurar la coherencia y la complementariedad de las actividades desarrolladas por los distintos departamentos forales.

En este sentido, la comisión también debe fomentar la promoción de campañas de difusión y la divulgación de los resultados de los procesos participativos, así como colaborar con las entidades locales para impulsar la participación ciudadana. Asimismo, la comisión debe promover la formación de los ciudadanos y la administración en las metodologías y técnicas de participación ciudadana, organizando jornadas y debates con expertos que contribuyan a mejorar la preparación de los ciudadanos para participar activamente en estos procesos.

Por último, es importante destacar que la comisión foral también debe garantizar la incorporación de la perspectiva de género y la participación equilibrada de hombres y mujeres en los procesos participativos, impulsando las medidas necesarias para tal fin y promoviendo la formación y la sensibilización en materia de género y participación ciudadana. Además, la comisión también está facultada para resolver cualquier discrepancia que pueda surgir en relación a la determinación del ámbito territorial de las políticas o decisiones que adopte la Diputación Foral en los procesos de deliberación participativa iniciados por residentes en el territorio histórico.

2.2.vi Consejo Social

El Consejo Social para la Participación Ciudadana de la Diputación Foral de Gipuzkoa tiene entre sus funciones:

- Brindar asesoramiento a la Diputación Foral de Gipuzkoa en la definición de los objetivos y acciones en el ámbito de la participación ciudadana, así como en el seguimiento y evaluación de los procesos participativos llevados a cabo. Asimismo, sobre la base de la experiencia participativa, realizar las propuestas de actuación o reforma que considere oportunas.

- Proporcionar información y opinión sobre las propuestas de actuación en el ámbito de la participación ciudadana realizadas por la Diputación Foral de Gipuzkoa, en especial sobre el anteproyecto del Programa Participativo, haciendo las sugerencias que estime convenientes para su inclusión en el mismo.

- Informar sobre la evaluación final de cada proceso participativo.

- Supervisar y validar la implementación del Programa Participativo al finalizar el período previsto.

- Informar sobre las propuestas de reforma de la normativa sobre participación ciudadana y su regulación de desarrollo.

2.2.vii Registro Foral de Entidades

El Registro Foral de Entidades para la Participación Ciudadana tiene como finalidad principal el fomento de la participación ciudadana, reconociendo el derecho de las personas a la información, con el objetivo de garantizar la transparencia y posibilitar el ejercicio del derecho de iniciativa ciudadana en la realización de procesos participativos, así como el derecho a la audiencia en el proceso de evaluación global del sistema de participación.

Se trata de un registro conformado por personas jurídicas sin fines lucrativos, que buscan el interés colectivo y que tienen como objetivo la extensión de la posibilidad de ejercer los derechos relacionados con la participación ciudadana.

2.2.viii Consejos sectoriales

Un consejo sectorial temático es un órgano de participación ciudadana formado por representantes de diferentes agentes sociales y económicos, que tiene como objetivo trabajar en temas específicos relacionados con un sector determinado, como la pesca, el deporte, la inclusión social o la discapacidad, entre otros.

Su objetivo general es fomentar la participación ciudadana y garantizar que los intereses de todos los agentes implicados sean tenidos en cuenta en la toma de decisiones relacionadas con el sector correspondiente.

La Dirección General de Participación coordina varios consejos sectoriales temáticos, cada uno con sus propios objetivos específicos, a saber:

- Consejo de Pesca Continental
- Consejo Forestal
- Consejo de Biodiversidad
- Consejo de la Bicicleta
- Consejo de Caza
- Consejo Territorial de Deporte Escolar
- Consejo del Deporte
- Foro del Euskera
- Consejo de personas con discapacidad
- Consejo Asesor para la Inclusión Social
- Consejo de Mayores
- *Gunea*
- Consejo para la Prevención y la Gestión de los Residuos Urbanos
- Comisión Dinamizadora de Migración y Diversidad

2.2.ix Presupuestos abiertos

La Diputación Foral de Gipuzkoa incluyó en su Plan Estratégico de Gestión 2015-2019 la prioridad de transformar el Gobierno de Gipuzkoa en un motor para el desarrollo y la transformación del territorio. Con este fin, estableció un compromiso corporativo y transversal con el cambio cultural y organizativo que se aplicó a todos los departamentos y miembros de la Diputación Foral de Gipuzkoa.

Se implementaron medidas de racionalización y simplificación administrativa para mejorar la agilidad y eficiencia de la institución, se homogeneizaron las prácticas avanzadas de planificación, gestión y evaluación en cada una de las políticas públicas, se renovaron las políticas de desarrollo profesional y gestión, y se fomentó una mayor participación ciudadana, colaboración multiagente y transparencia para recuperar la confianza en la institución.

Dentro de este marco de apertura a la participación ciudadana, colaboración multiagente y transparencia, se encuentra la iniciativa de presupuestos abiertos, mediante la cual se busca dar voz a la ciudadanía en la toma de decisiones sobre la inversión de una parte del presupuesto de la Diputación. Con esta medida, se pretende aumentar la participación ciudadana y hacer que la institución sea más receptiva a las necesidades y demandas de la sociedad.

2.2.x Proyecto *Eskola Irekia*

La Dirección de Participación Ciudadana ha puesto en marcha la Escuela Abierta de Gipuzkoa con el objetivo de mejorar la calidad de la democracia y la cohesión social, ofreciendo recursos para mejorar las capacidades e incrementar las posibilidades de influencia de los diferentes agentes, y fomentando la participación en las decisiones que se toman en la gobernanza pública para mejorar las políticas públicas.

Para alcanzar dichos objetivos, se ha establecido una definición de las actividades que se llevarán a cabo en las escuelas. Se reflexionará sobre la forma de entender la participación ciudadana y el desarrollo comunitario, promoviendo el diálogo público de la ciudadanía y profundizando en la dimensión deliberativa de la democracia.

Además, se ofrecerá formación para desarrollar capacidades de participación y profundizar en el conocimiento, y se proporcionará un espacio para experimentar habilidades colaborativas, negociación y métodos de aprendizaje de actitudes necesarias para el debate y el acuerdo.

La Escuela Abierta de Gipuzkoa también sistematizará prácticas y procesos inspiradores y/o replicables, y creará alianzas entre diferentes agentes, teniendo en cuenta la diversidad de experiencias y modelos.

Para lograr estos objetivos, se llevarán a cabo diversas actividades, como jornadas, cursos, cursos de verano, sesiones participativas, encuentros, proyectos compartidos y participativos, entrevistas públicas, laboratorios, investigaciones, recursos online y guías, entre otros.

2.2.xi Asamblea ciudadana

La sociedad guipuzcoana, como muchas otras sociedades en el mundo, se encuentra en una situación de dilema. Por una parte, las personas que trabajan y viven en el sector primario rural, en particular aquellos que se dedican a la agricultura, ganadería y gestión forestal, experimentan grandes dificultades para subsistir en dicho entorno. Por otra parte, el medio rural es especialmente vulnerable y el sector agrario tiene oportunidades y responsabilidades en la lucha y adaptación a la crisis climática.

Con el fin de abordar este dilema y explorar cómo garantizar la actividad agraria de Gipuzkoa para hacer frente a la emergencia climática, se ha convocado la Asamblea sobre Medio Rural y Clima. Esta asamblea ciudadana, impulsada por la Diputación Foral de Gipuzkoa, está formada por personas seleccionadas a través de un sorteo cívico que escucharán las voces de quienes viven y trabajan en el medio rural, así como de expertos en el campo del medio rural y la emergencia climática. Los integrantes de la Asamblea Ciudadana deliberarán y presentarán recomendaciones a la Diputación Foral, quien responderá a las recomendaciones en los plazos establecidos.

El objetivo principal de la Asamblea Ciudadana es contribuir al desarrollo del sector primario en el medio rural de Gipuzkoa y abordar conjuntamente la emergencia climática y sus efectos. Se considera que este es un reto complejo que requiere nuevas formas de coordinación y organización entre los diferentes agentes implicados, incluyendo administraciones públicas, sociedad civil organizada y ciudadanía.

La sociedad civil desea participar en la lucha contra la emergencia climática y la protección del medio rural, pero necesita herramientas para hacerlo en el ámbito de las políticas públicas. La Asamblea del Medio Rural y Clima permitirá incorporar recomendaciones informadas de los ciudadanos en el desarrollo de políticas forales, lidiar con estancamientos políticos, comprender cómo los ciudadanos priorizan las acciones posibles, aumentar la legitimidad de la acción social en el área de estudio, visualizar las aportaciones de los grupos de interés y cumplir con el compromiso de abordar la emergencia climática en la gobernanza, así como garantizar el desarrollo y la resiliencia del sector agrario.

Para la realización de la Asamblea Ciudadana, se han creado tres comités: el Grupo Motor, compuesto por representantes de la Diputación Foral de Gipuzkoa, *Arantzazulab*, TMelab y Deliberativa; el Comité de Seguimiento, que cuenta con la participación de representantes de partidos políticos y la mayoría de los grupos de interés; y el Comité de Contenidos, donde los expertos en la materia identifican y comparten diversos conocimientos.

2.2.xii Espacio interinstitucional

En la actualidad, resulta indispensable la creación de un espacio interinstitucional en el Territorio Histórico de Gipuzkoa, el cual brinde apoyo institucional a los municipios con mayores carencias y necesidades en materia de participación ciudadana. Asimismo, dicho espacio busca promover el intercambio de buenas prácticas, la búsqueda de sinergias y la retroalimentación de los procesos participativos.

El objetivo principal del espacio interinstitucional consiste en desarrollar la participación ciudadana como marco de actuación transversal de la Diputación Foral y las entidades locales. Con este propósito, el espacio interinstitucional se configura como un marco institucional destinado a fomentar el diálogo y a impulsar políticas de participación ciudadana. Asimismo, se pretende establecer un espacio de intercambio de experiencias y buenas prácticas, así como de aprendizaje conjunto en esta materia.

El espacio interinstitucional de participación ciudadana tiene definidos los siguientes objetivos: articular una red o espacio de encuentro interinstitucional desde la perspectiva de los gobiernos multinivel del Territorio Histórico; establecer un espacio de intercambio de experiencias y buenas prácticas de las distintas instituciones; vehicular canales de asistencia y cooperación técnica para el correcto ejercicio y cumplimiento de las obligaciones normativas; servir como cauce para determinar la política de subvenciones de la Diputación Foral en el ámbito de la participación ciudadana; y promover programas formativos y jornadas especializadas para reforzar las competencias institucionales de los cargos públicos y del personal técnico.

El Espacio Interinstitucional se organiza a través de tres estructuras: el espacio general o plenario, el espacio ejecutivo y los foros técnicos. Durante el cuarto año de desarrollo, se realizó una reflexión estratégica para definir las líneas de trabajo para los años 2020-2023 en conjunto con los representantes políticos y técnicos de los municipios.

Se definieron cinco líneas de trabajo: definir el marco de participación ciudadana del territorio, trabajar el carácter comunitario y la ciudadanía, analizar las dinámicas de trabajo de la administración, trabajar la comunicación y la transferencia de conocimiento compartido, y ofrecer formación continua para fomentar la cultura participativa. Todo ello convierte al Espacio Interinstitucional en la red de trabajo de referencia para los técnicos y representantes municipales de participación ciudadana.

2.2.xiii Foros de asociaciones

El Foro de Asociaciones es un espacio colaborativo en el que se reúnen las organizaciones ciudadanas de la región que promueven la participación ciudadana y la Dirección de Participación de la Diputación Foral de Gipuzkoa.

El objetivo de este foro es fomentar el intercambio de conocimientos y herramientas para promover una cultura participativa y la colaboración mutua. En diciembre de 2020, los miembros del foro definieron conjuntamente una serie de objetivos, como profundizar en el conocimiento mutuo, reconocer y visibilizar el papel del asociacionismo en la sociedad, reflexionar sobre modelos inclusivos de participación, identificar necesidades formativas y promocionar herramientas para incidir en las políticas públicas.

El foro busca experimentar nuevas formas de colaboración e intercambio entre asociaciones y agentes, incluyendo la Diputación Foral, reconociendo sus respectivos roles y especificidades, y fomentando la participación ciudadana. La propuesta consiste en configurar un ecosistema vivo, diverso y en constante evolución, conformado por instituciones diversas que compartan la participación como forma de hacer y estar en la sociedad.

Además, se busca crear un espacio de confianza y trabajo compartido entre instituciones y la Diputación Foral para explorar nuevas formas colectivas de hacer y relacionarse.

CAPÍTULO III: **CASOS LOCALES DE INNOVACIÓN A NIVEL MUNICIPAL EN GIPUZKOA**

3.1.CONTEXTO

En marzo del 2021 se comenzó a configurar la idea de la creación de una comunidad de aprendizaje, que finalmente tomó la forma que se describe en el capítulo IV.

Sin embargo, en los inicios, el comité científico de *Globernance* (Instituto de Gobernanza Democrática), formado por Juan José Álvarez, Txetxu Ausín y Daniel Innerarity, y su coordinador de proyectos Mikel Cabello, se basaron en una metáfora médica que sirvió para reflexionar sobre los pasos a seguir en la creación de la comunidad de aprendizaje.

En dicha metáfora se mencionaba la necesidad de hacer un chequeo previo que derivase en un diagnóstico de la situación del momento de la gobernanza colaborativa, abierta y anticipatoria en Gipuzkoa. Tras el diagnóstico se proponía desarrollar la comunidad de aprendizaje a modo de tratamiento que diera respuesta a las necesidades locales y ayudase a enfrentar de forma colectiva los retos de los distintos municipios y del futuro de Gipuzkoa. En este plan inicial también se mencionaba la importancia de la conceptualización y socialización.

Así, partiendo de la necesidad detectada de chequeo y diagnóstico, se hizo una investigación inicial para detectar los casos locales de innovación a nivel municipal en Gipuzkoa. Para ello, se escogieron los municipios que se consideraba que eran representativos en las dimensiones políticas (diversos partidos), espaciales (representación de las comarcas), de género (mismo número de alcaldes y alcaldesas) y de tamaño. Una vez hecha la selección de los potenciales candidatos a participar en la comunidad de aprendizaje, se procedió a detectar el conjunto de experiencias que a continuación se detallan y que han servido de base para poner en valor el trabajo realizado por los ayuntamientos a lo largo de los años e intercambiar experiencias de éxito entre municipios.

El diagnóstico inicial ofreció un panorama que hizo modificar la intención inicial del proyecto *Udal Etorkizuna Eraikiz,* que era el trasladar *Etorkizuna Eraikiz* a los municipios. Dicho panorama mostraba una riqueza de experiencias e innovaciones políticas sorprendente. Por ello, la concepción de *Ukal Etorkizuna Eraikiz* viró hacia la idea de establecer vasos comunicantes de experiencias en múltiples direcciones: de la Diputación hacia los municipios, pero, también, de los municipios a la Diputación y, sobre todo, de municipio a municipio. Aquí se describen brevemente algunas de esas prácticas que pueden concebirse como distintos mecanismos y facetas de la goberanza colaborativa y la innovación política.

3.2. AYUNTAMIENTOS DE GIPUZKOA: EXPERIENCIAS DE INNOVACIÓN LOCALES VINCULADAS A LA GOBERNANZA GOLABORATIVA.

3.2.i Beasain

Herrilab (Conciliación)

El proyecto piloto *HerriLab* Beasain se desarrolla a través de un Convenio de Colaboración entre la Diputación Foral de Gipuzkoa y el Ayuntamiento de Beasain. HerriLab se enmarca en el I Plan para la Conciliación Corresponsable de la Diputación Foral de Gipuzkoa (2019-2023). Se basa en planes piloto compartidos, con la participación de agentes públicos, socio-económicos y sociales, para construir el prototipo de una sociedad basada en la igualdad de mujeres y hombres.

El objetivo del proyecto es generar dinámicas que faciliten que mujeres y hombres puedan conjugar el trabajo, la familia y el desarrollo personal de una forma más equilibrada, con actuaciones que se adapten a sus necesidades. La administración local se ofrece para impulsar un proyecto que busca la implicación de las y los ciudadanos del municipio; de los agentes sociales y del tercer sector; así como la adaptación de los servicios y programas que presta, con el fin de que se adecúen a las necesidades identificadas, desde una perspectiva de colaboración.

Los conocimientos derivados de esta experiencia pionera, que se materializa como un laboratorio de experimentación para la mejora de la conciliación corresponsable, se utilizarán para las políticas de igualdad y conciliación, al tiempo que servirán de modelo para el desarrollo de experiencias similares en otros municipios y comarcas del territorio.

Profundizando en las líneas de trabajo desarrolladas hasta ahora por Herrilab, el grupo motor ha decidido enfocar las acciones experimentales en tres ámbitos.

1. En primer lugar, la acción piloto en el comercio. Se propuso racionalizar los horarios de los comercios de Beasain, adoptando el horario de 16:00-19:00 horas. Es decir, adelantando su horario de cierre de jornada basándose en la experiencia de Solsona y de Cardona (Cataluña).

2. La segunda experiencia piloto "primera llamada al padre" se desarrollará en colaboración con la comunidad educativa. Con el fin de romper con los roles de género tradicionales y aumentar el grado de implicación de los padres en el cuidado de los y las menores (participación en reuniones generales y de seguimiento, etc.), los centros priorizarán la relación con el padre ante cualquier incidencia, es decir, la primera llamada siempre estará dirigida al padre. Además, en lo que respecta al mundo empresarial y laboral, se estudiarán medidas para mejorar la conciliación corresponsable de las familias durante las vacaciones de sus hijos e hijas, en colaboración con la agencia de desarrollo Goieki.

3. Beasain más igualitario, donde las dinámicas faciliten que mujeres y hombres puedan conjugar el trabajo, la familia y el desarrollo personal de una forma más equilibrada.

Trabajo de las lenguas minoritarias

Desde el 2017 el Ayuntamiento de Beasain colabora con Garabide en la labor de revitalizar lenguas minoritarias. Desde esta iniciativa en colaboración público-privada quieren poner en valor el desarrollo que ha tenido el euskera en los últimos años y que sirva de ejemplo para revitalizar otras lenguas minoritarias. Para ello, se hacen intercambios de experiencias y suelen venir personas de otros países a Beasain para ver cómo se ha trabajado el euskera, cuál ha sido su recorrido y aprender de la experiencia. Al existir un interés por las lenguas minoritarias se quiere aprender cómo se ha trabajado este aspecto en otros municipios.

En octubre del 2017 una docena de líderes de 10 comunidades indígenas con lenguas minoritarias del norte de África, Centroamérica y Sudamérica colaboraron en este proyecto. Los representantes permanecieron a lo largo del mes de la mano de la asociación Garabide acumulando información sobre la experiencia de revitalización del euskera y compartiendo la suya con sus idiomas. En 2018 participaron 21 personas de 12 comunidades lingüísticas diferentes; Guatemala (Kaqchikel, k'iché y q'eqchí), México (Maya, yucateca y naguatl), Colombia (Nasa), Ecuador (Kichwa), Bolivia (Guarani), Brasil (Kaxinawa), Wallmapu (Mapuche), Kurditan (Kurda) y Norte de África (Amazigh). De igual manera, en marzo de 2022 la alcaldesa de Beasain recibió a 24 representantes indígenas de doce comunidades lingüísticas de once estados diferentes. Cabe destacar que el 75% de las personas participantes fueron mujeres (15 mujeres y 5 hombres) lo cual indica la importancia de las mujeres en la acción a favor de las comunidades y lenguas minoritarias.

Esta formación se realiza junto con la facultad HUHEZI de la Universidad de Mondragón. Fundamentalmente, se ofrece formación sobre la experiencia vasca y las claves de la recuperación lingüística a representantes de comunidades lingüísticas minorizadas, para que luego ellos puedan convertirse en protagonistas de su propio proceso. El Curso Experto en Revitalización de la Lengua es el proyecto más importante que realiza Garabide y también el único en el mundo en el ámbito de la recuperación lingüística.

La renovación del convenio entre el Ayuntamiento de Beasain y la asociación Garabide se ha venido dando anualmente desde 2017. El convenio correspondiente mantiene los objetivos perseguidos hasta el momento; contribuir a la identidad de los pueblos en vías de desarrollo, siendo la lengua la principal expresión de identidad. El Ayuntamiento de Beasain sigue reafirmando su compromiso con las lenguas minoritarias de estos países poniendo como ejemplo la trayectoria y el trabajo realizado a favor del euskera. El gobierno municipal destina una cuarta parte del 1% de su presupuesto de ayuda a los países en vías de desarrollo a la colaboración con la asociación Garabide.

3.2.ii Rentería

Mesas de consejo asesor

Los consejos asesores municipales son órganos de participación con función consultiva, informativa y asesora en el ámbito municipal. Su objetivo es fomentar la participación de la ciudadanía y canalizar la información de los agentes en los asuntos municipales.

En ellos toman parte personas y asociaciones implicadas en los asuntos de cada espacio sectorial. Los sectores que cuentan con mesas de consejo asesor en Rentería son los siguientes: Igualdad, Consejo Asesor de Convivencia y Acción Social, Consejo Escolar, Euskara, Seguridad ciudadana, Urbanismo, Secretaría, Medio Ambiente y Deportes.

Desde el ayuntamiento de Rentería una de las premisas principales es darles legitimidad política a estos consejos para que su participación pueda influir en las políticas públicas. Son muy importantes, ya que son espacios dónde se tratan las políticas públicas con agentes de la ciudadanía. Estas mesas de consejo asesor son muy diversas, tanto en el número de reuniones, en su periodicidad, en dinámicas de trabajo, en personas que las conforman (algunas mesas están muy pautadas como es la educativa que cuenta con representación de la dirección, profesorado, familias y alumnado de todas las escuelas de Rentería, y otras son más abiertas pudiendo participar cualquier persona que muestre interés, como es el caso de la mesa de igualdad) y en productividad de las reuniones.

Algunas de ellas tienen mucho éxito y sirven para gobernar de una forma colaborativa y abierta, ya que trabajan y proponen ideas y medidas que después se reflejan en las políticas públicas. Otras de las mesas, sin embargo, no funcionan tan bien. Como reto se quiere ver cuáles son las claves del éxito de las mesas que funcionan de forma eficaz para poder aplicar sus dinámicas y sus mecanismos de trabajo en las otras mesas.

Plan de juventud

Para hacer el plan de juventud, se hizo una división de la juventud en tres etapas. Teniendo en cuenta que en el plan de juventud entraban todas las personas de entre 0-30 años, el primer grupo estaba formado por los niños y niñas de 0 a 12 años. En el segundo grupo los y las participantes tenían de 13 a 17 años y en el tercer grupo participaron los jóvenes de 18 a 30 años. Así, el proceso de la elaboración del plan de juventud contó con tres procesos internos divididos por edades.

En función de las edades de las y los jóvenes los retos que se plantearon fueron distintos o Infancia

- (0-12 años): construcción de un municipio seguro y educativo, Rentería como lugar de juego, y mejora de la cota de autonomía de niñas y niños.

- Adolescentes (13-17 años): creación de espacios de relación y oferta de recursos para el desarrollo personal sano, mediante el impulso del conocimiento y el fortalecimiento de la relación entre diversos sectores. Asimismo, sitúa la vida y la salud como eje central mediante la formación, asesoría y dinámicas de trabajo. o Jóvenes (18-30 años): políticas para el desarrollo de manera sana y digna del proceso de emancipación, para lo cual trabaja en la creación de las condiciones que garanticen el derecho a la vivienda y trabajo dignos.

El objetivo principal de estos procesos fue impulsar el empoderamiento de los y las niñas y jóvenes y hacer que participen activamente en la construcción del municipio.

La metodología no fue la habitual, sino que los proyectos que el ayuntamiento presentó fueron la excusa para participar y aportar otras ideas. Ejemplos:

- A los más pequeños de 0-12 años se les ofreció la posibilidad de diseñar un parque infantil a su gusto (el parque Txirrita), y su diseño sería respetado y se aplicaría en los próximos meses. El debatir sobre ese proyecto era también una excusa para reflexionar sobre cómo entender Rentería como un sitio de juego dónde pudieran jugar de forma segura y autónoma, y trabajar la seguridad y la confianza en los espacios del municipio con los más pequeños.

  En este proceso participaron más de 2000 niños y niñas. Algunos y algunas participaron directamente con la empresa encargada de dinamizar la construcción del parque.

  También se dinamizó la participación en las escuelas. Se generaron distintas propuestas y hubo un proceso en el que los niños y niñas pudieron votar las distintas propuestas y diseños. El diseño que más convenció a los más pequeños fue uno en el que se dividía el parque en tres etapas 0-4 5-9 y 10-12. Así por etapas se decidió que poner en cada sección. Finalmente, se esforzaron en hacer realidad el parque que los niños y niñas de Rentería habían soñado y diseñado.

- Con los jóvenes se detectaron los espacios seguros e inseguros de Rentería y surgió como preocupación el tema de poder independizarse y optar a una vivienda. Tras trabajar las posibles soluciones a esta preocupación se planteó el proceso de viviendas comunitarias.

  Se ha de añadir que la respuesta de los jóvenes organizados o que el trabajo realizado en horario educativo fue un éxito pero que fue muy difícil lograr la implicación de la juventud en su tiempo libre.

La enseñanza que el ayuntamiento quiso transmitir a los jóvenes y a los más pequeños que participaron en este proceso fue que si dedicaban tiempo a su pueblo y a participar, podrían conseguir mejorar su entorno y que el ayuntamiento respondería a sus necesidades. Así se quería aumentar la confianza en el ayuntamiento y en las políticas públicas, acercando a la juventud. Además de este proceso salió el plan de juventud con las propuestas y futuras acciones a llevar a cabo.

Derivas en los barrios (PGOU)

La iniciativa del proceso de renovación del Plan General de Organización Urbana (PGOU) de Rentería se llevó a cabo de forma participativa, contando con la participación de representantes políticos, miembros de los consejos asesores (unas 70 personas), personas elegidas al azar entre la población a las que se les mandó una carta invitándoles al proceso (participación por sorteo) y población que mostró interés en participar voluntariamente.

Además, se ofrecieron facilidades de participación telemática y se hizo un diagnóstico colectivo del municipio desde la visión de los ciudadanos y ciudadanas. Para ello, se facilitó un formulario online que cualquier habitante de Rentería podía cumplimentar.

Este proceso participativo ha facilitado poner a prueba dos metodologías o prácticas vinculadas a la gobernanza colaborativa y a la participación que anteriormente no se habían experimentado.

1. Participación por sorteo. Se hicieron invitaciones especiales para algunas asociaciones/ organizaciones y para todos los miembros y personas que participan en las mesas de consejo asesor. Se facilitó la participación voluntaria de la ciudadanía. Pero, aparte de eso, se quiso probar la participación por sorteo. Así que siguiendo unos criterios se hizo el sorteo y se enviaron 250 cartas en nombre de la alcaldesa invitándoles a participar. Para ser la primera vez que usaban esta forma de participación, se considera que ha tenido bastante éxito ya que 25 de dichas personas se han implicado activamente a lo largo del proceso y han asistido a las reuniones realizando aportaciones. Además, han participado en reuniones de manera telemática y el nivel de implicación ha sido alto. Este proceso también ha servido para aprender y puede ser de utilidad de cara a próximos procesos.

2. Trabajo telemático en distintas fases del proceso. Esto ha sido debido al Covid19, pero cualitativamente y cuantitativamente ha facilitado las intervenciones y la participación de un mayor número de personas. El trabajo telemático ha sido exitoso y se considera que ha sido productivo. Sin embargo, al ser el primer proceso llevado a cabo combinando la presencialidad y el formato online, es difícil medir el éxito ya que no existe otra experiencia con la que poder compararlo. Sin embargo, el uso de las tecnologías en este caso ha ayudado a que más ciudadanos y ciudadanas puedan participar.

3. Derivas por los barrios *(auzo deribak)*. Es un término que viene de Latinoamérica. Consiste en juntarse en un punto del municipio y caminar por el barrio escogido reflexionando sobre el entorno y sobre las necesidades in situ. En esta experiencia se quería hacer un análisis compartido profundo y también filosófico. Las derivas han sido una experiencia estupenda, ya que han obtenido muy buenos resultados tanto a nivel cuantitativo como cualitativo. Las derivas se realizaron en los distintos barrios de Rentería y por el coronavirus tuvieron que restringir la asistencia, dando prioridad a personas que representaran las diferentes asociaciones, agentes y organizaciones del barrio. Consideran que 10 personas por grupo se ha quedado corto pero que la nueva experiencia ha sido muy enriquecedora.

Casa de las mujeres cogobernanda

Este proceso parte de un proceso participativo que duró 2 años. Esta casa de mujeres no nace de un interés del ayuntamiento. El tener una casa de mujeres era una reivindicación del movimiento feminista, ya que consideraba necesario 48 el tener un espacio para poder juntarse, ofrecer talleres, hacer reuniones y planificar eventos e iniciativas.

Esta necesidad llega al ayuntamiento desde la mesa de consejo asesor municipal de igualdad, en la que las distintas personas participantes, recibiendo a su vez la petición de la ciudadanía, consideran necesario empezar un proceso participativo y crear junto al ayuntamiento y a la ciudadanía que así lo quisiera la casa de mujeres de Rentería.

Como una de las visiones claras del ayuntamiento es dar legitimidad a las mesas de consejo, se admitió la propuesta y se iniciaron los planes para comenzar a diseñar y crear este espacio

Se dedicó mucho tiempo a este proceso, en este periodo se decidió de forma colaborativa y pudieron participar todas las mujeres de

Rentería que así lo quisieran diseñando todo lo relativo a la casa de las mujeres: los objetivos, los servicios que se querían ofrecer, la organización interna, la gestión de la casa, el programa, el diseño arquitectónico (se construyó el edificio, por lo tanto, se decidió participativamente cómo tenía que ser y los distintos espacios que tendría según los objetivos y necesidades). El proceso fue muy intenso y enriquecedor. A día de hoy la casa de mujeres ya está en marcha y ha aportado mucho al municipio.

La Casa de las mujeres de Rentería quiere ser un lugar de referencia para el encuentro, el debate y la reflexión, así como para la lucha a favor de la igualdad de mujeres y hombres. Por ello, se han marcado cinco objetivos. En primer lugar, que sea un espacio de formación y espacio de referencia para la Escuela de Empoderamiento. En segundo lugar, que sea un espacio para la promocióon de la conciencia feminista y el activismo socio-político. En tercer lugar, que sea un espacio que propicie las relaciones, las redes y la cooperación entre las mujeres. En cuarto lugar, que sea un espacio donde se ofrezcan recursos y se generen dinámicas para aquellas mujeres que sufran violencia y/o quieran trabajar para combatirla. En quinto lugar, que sea una referencia como fuente a la hora de recabar información o datos sobre la realidad de las mujeres.

Este proceso ha ayudado a que muchas mujeres, tanto organizadas como no organizadas, se puedan conocer, cumpliendo así con el tercer objetivo marcado. Además las diferentes asociaciones de mujeres se han juntado y se reúnen mensualmente. Por lo tanto este proceso ha servido para dinamizar las relaciones y que se generen vínculos.

Además, en cuanto a la gestión de la casa de mujeres, se escogió por la cogobernanza con el ayuntamiento. Así, esta es la primera iniciativa que se ha llevado a cabo en Rentería de co-gobernanza y está siendo un éxito.

El ayuntamiento es uno más en la asamblea que sirve para tomar las decisiones más importantes sobre la casa de mujeres. También hay un grupo de trabajo voluntario que se encarga del día a día.

Se considera que la casa de mujeres ha sido un punto de inflexión en el ayuntamiento, ya que ha aportado mucho tanto a las políticas de igualdad como a la forma de aprender a gestionar y gobernar de forma colaborativa. Asimismo, el ayuntamiento ha intentado aportar y comprometerse en todo el proceso, por lo tanto, la relación es horizontal y enriquecedora.

En esta casa de mujeres se ofrecen diferentes servicios, algunos organizados por las propias mujeres y asociaciones y otros organizados por el ayuntamiento, que pueden ser catalogados en cuatro categorías:

1. Orientación jurídica especializada, con perspectiva de género, para asesorar a mujeres que se enfrentan a distintas situaciones de discriminación, desprotección y violencia a manos de una abogada.

2. Espacio de empoderamiento individual con la colaboración de una psicóloga.

3. Espacio de autocuidado psicológico y sexual para mujeres mayores de 14 años a través de consultas presenciales, telefónicas o vía Whatsapp.

4. Asesoría para homologación de estudios e itinerarios formativos, trámites para convalidación de estudios realizados en otros paises y reorientación profesional y laboral dirigido a mujeres migrantes.

3.2.iii Zarautz

Agenda 2030

El Ayuntamiento de Zarautz ha iniciado un proceso de reflexión compartida en el marco de la Agenda Global 2030 para representar y diseñar un plan de acción orientado al Zarautz del futuro. Este trabajo tendrá 3 grandes líneas de trabajo. En primer lugar, una elaboración técnica, es decir, un análisis técnico según los Objetivos de Desarrollo Sostenible (ODS) 17+1 de la Agenda 2030 y sus indicadores. En segundo lugar, la participación como forma de trabajo lo que se conseguirá con la representación política y técnica del ayuntamiento y con la participación de la ciudadanía y agentes sociales con el objeto de representar el Zarautz del futuro. En tercer lugar, la comunicación con el objetivo de trasladar los retos globales de la Agenda 2030 a la ciudadanía y, asimismo, dar paso a sus aportaciones al proceso.

El proceso participativo se plantea principalmente como un ejercicio de escucha. Así, se pondrán en marcha diferentes iniciativas y canales de participación como espacios de escucha específicos para conocer y atender la opinión de ciudadanos y ciudadanas de diferentes mentalidades y tendencias, foros de representación política y técnica municipal dentro del Ayuntamiento y espacios de participación abiertos (presenciales y temáticos) en los que podrá participar cualquier zarauztarra.

El Plan Estratégico Zarautz 2030 se desarrollará en cuatro fases. Primeramente, en febrero se trabajará por el conocimiento y enriquecimiento dle diagnóstico de Zarautz en materia de Desarrollo Sostenible. En marzo se marcarán los retos del futuro del municipio. Después, en abril y mayo se definirán las acciones para obtener los objetivos marcados. Y, finalmente, en junio, se visualizará la forma de seguimiento de la ejecución del Plan.

Trabajo realizado con las casas de jubilados

Lagunkoia es un plan de ciudad que pone el foco en los retos que plantea el envejecimiento de la población en todos los ámbitos de la vida urbana. Aglutina proyectos y actividades que tienen como objetivo general mejorar la amigabilidad de la ciudad y, con ello, mejorar la calidad de vida de las personas mayores y, por extensión, de toda la sociedad, generando procesos de participación comunitaria que buscan incorporar el enorme potencial que suponen estas personas en la vida de la ciudad.

En Zarautz se trabajó sobre la soledad y sobre el bienestar de las personas de edad avanzada. A la hora de empezar a trabajar en el proyecto se dieron cuenta de la coordinación y comunicación inexistente entre las dos asociaciones que ofrecían servicios a personas en edad avanzada y el propio ayuntamiento a la hora de ofrecer los servicios destinados al mismo colectivo.

Todos trabajaban de forma independiente y eso mismo estaba empezando a generar problemas. Así, se detectó la necesidad de hacer un trabajo de colaboración y de puesta en común para dar una mejor respuesta a las necesidades de los habitantes de Zarautz.

A modo de ejemplo, una de las mayores problemáticas de una de estas asociaciones es la carga administrativa y técnica que le supone el poder ofrecer cursos de yoga. Sin embargo, tanto desde la otra asociación como también desde el ayuntamiento, ya se ofrecían cursos de yoga para las personas de edad avanzada, por lo tanto, la base de la problemática era el no coordinarse y colaborar para ofrecer mejores servicios de forma colectiva y no de forma individual.

Así, se decidió comenzar un proceso participativo en el que los ancianos y ancianas de Zarautz pudieran compartir sus visiones y sus perspectivas de futuro.

Para ello, se unieron la mesa de consejo asesor formada por personas de edad avanzada, las dos asociaciones más importantes que ofrecen servicios para dicho colectivo, ancianos y ancianas, y el propio ayuntamiento. Este proceso es largo y se divide en distintas fases.

En la primera fase se ha realizado un análisis DAFO compartido, posteriormente también se ha trabajado con todos los departamentos de la comisión general de ciudadanía. Se detectaron desde la visión de cada uno de los departamentos todos los servicios que se ofrecen destinados a dicho colectivo y las vinculaciones existentes entre los mismos.

De esta puesta en común sacaron conclusiones interesantes. Por ejemplo, se detectó la importancia de la oficina de turismo para las personas de edad avanzada, ya que a pesar de vivir en Zarautz, van allí a informarse del horario de los autobuses, de las rutas, de los eventos y las distintas actividades que se van a realizar.

Así, se ha ido realizando una lista de todos los servicios que el ayuntamiento ofrece que son de interés para las personas de edad avanzada.

Así, no solo se trabaja *Lagunkoiak* como proyecto, sino que se ha ampliado la visión a una forma de hacer y trabajar colaborativa, compartida, unificada y cooperativa para responder las necesidades detectadas, que no solo cambiará los servicios que se van a ofrecer, sino que también cambiará la forma interna de trabajar colaborativamente y dar respuesta a los futuros retos del municipio.Este proceso mencionado, al avanzar en sus fases de desarrollo, fue tomando el nombre de *Bidea Eraikitzen* (construyendo el camino).

De esta manera, se puede destacar que *Bidea Eraikitzen* es un proyecto que busca conocer la realidad de las asociaciones de jubilados/as Udaberri e Iñurritza y reflexionar sobre el modelo de gestión deseado para el futuro. Para ello, el Ayuntamiento de Zarautz cuenta con el asesoramiento de la empresa "Bat, Bi eta Hiru".

3.2.iv Azkoitia

Herrilab 700

Debido al acontecimiento del 700 aniversario del Ayuntamiento de Azkoitia, se quiere promover una iniciativa que parta de los interés y las necesidades ciudadanas y sirva para pensar e idear el Azkoitia del futuro de forma colectiva, así como para diseñar acciones para la conmemoración del aniversario. Para ello, se ha decidido generar un espacio y una marca que dinamizará todas las iniciativas que puedan surgir en esta línea: Azkoitia Herrilab 700.

- Elaboración y consenso entre diversos representantes políticos.

- Lograr un compromiso de trabajo en equipo desde el rol de la oposición del gobierno.

- Convertir a los técnicos y técnicas municipales en parte del proceso.

- Posibilitar la participación de múltiples agentes del ámbito local en la generación del diagnóstico de Azkoitia y en la decisión de las líneas de trabajo futuras, para lo que es necesario crear espacios y canales de comunicación.

- Realizar un ejercicio de cohesión y de elaboración de identidad comunitaria, tanto a nivel institucional como a nivel ciudadano.

Para dinamizar estos objetivos, el proceso se ha diseñado en varias fases. La primera fase consiste en la comunicación y la socialización de la iniciativa. Para ello, en la actualidad se están definiendo los soportes de comunicación y la estructura de la misma. Se están realizando la presentación de la iniciativa con representantes y técnicos (2 sesiones) y también se está llevando a cabo la presentación a agentes, asociaciones, grupos, ciudadanos y ciudadanas de los distintos barrios... del municipio (6 sesiones).

Durante el año 2021 se desarrolló el proyecto *Azkoitia Herrilab +700: Herri diagnosia* con el que se consiguió recoger una mirada compartida de la situación del momento del municipio. Así, por medio del diagnóstico, se pudo identificar y priorizar los retos a los que Azkoitia tiene que hacer frente. Con intención de dar una continuidad al proceso, se elaboró *Azkoitia Herrilab +700: Herri Plana*. Se trata de un plan que recoge los proyectos que se van a implementar en los próximos años.

El objetivo general es concretar cuáles van a ser los proyectos que se van a desarrollar en los próximos años en Azkoitia, recogiendo una mirada compartida para abordar los desafíos de manera conjunta. Para ello, se establecieron dos objetivos específicos. Por un lado, trabajar la perspectiva de comunidad, creando espacios para trabajar en grupo, prestar atención a las diferentes miradas, para poder generar propuestas desde una perspectiva de pueblo. Por otro lado, impulsar un cambio de la cultura política, promoviendo canales de participación entre los cargos políticos, los técnicos y la ciudadanía.

Para realizar el plan (*Herri Plana*) se llevaron a cabo cuatro fases. Primeramente se creó un primer borrador (abril-mayo) a partir de la documentación que tenía el ayuntamiento. Seguidamente fue contrastado por las estructuras internas del ayuntamiento en dos sesiones de trabajo: la primera con los técnicos del ayuntamiento y la segunda con los representantes. Así, con las aportaciones que hicieron, se completó el borrador, creando una segunda versión.

Para dar comienzo a la segunda fase, el 7 de junio se celebró una asamblea de presentación del proceso. Se hizo una convocatoria abierta, invitando a aquellos ciudadanos y agentes interesados. Además de ello, a lo largo de junio, se realizaron entrevistas en profundidad a los ciudadanos referentes en distintos campos de trabajo: euskara, cultura, diversidad cultural y nacional, igualdad, participación, medio ambiente, organización sectorial e infraestructuras, transición económica, cuidados, empleo, vivienda y deporte. Por último, se compartió un cuestionario (junio-julio) para que los ciudadanos, grupos y los organismos propusieran acciones para el Herri Plana. Después de recoger todas las propuestas se completó el segundo borrador y se creó el tercer borrador.

En la tercera fase se realizó la validación del Plan ciudadano. Para el desarrollo de este plan se creó el consejo ciudadano, un grupo de habitantes seleccionado al azar y que tenía como objetivo analizar y priorizar las acciones que habían sido propuestas por la ciudadanía. La selección se realizó por sorteo y se enviaron 231 cartas de invitación a las personas elegidas. Asimismo, se efectuó un segundo contraste, por un lado con los técnicos del ayuntamiento y por otro lado con los y las representantes y que dió lugar al cuarto y último borrador del Herri Plana.

Para concluir el proceso *Azkoitia Herribab +700: Herri Plana* se convocó una asamblea abierta en noviembre. Se invitó a la ciudadanía, agentes y trabajadores del ayuntamiento que habían participado, se presentó el último borrador del Herri Plana y se creó el espacio para valorar el Plan. Finalmente, se elaboró una valoración del proceso general.

Este proceso ha tenido como resultado el documento *Azkoitia Herrilab +700: Herri Plana* en el que se concretan 16 acciones priorizadas por la ciudadanía (y la creación del grupo creado mediante sorteo) por lo que es ahora tarea del Ayuntamiento dar respuesta y devolver compromisos.

La metodología de participación por sorteo ha sido valorada muy positivamente tanto por el Ayuntamiento como por los y las participantes. Por un lado, ha ayudado a mejorar la confianza en los procesos y en el trabajo realizado por el Ayuntamiento. Por otro lado, la creación de un grupo por sorteo ha aportado mayor diversidad pues fue seleccionada para participar una joven euskaldun de origen paquistaní la cual puso sobre la mesa asuntos que hasta el momento no se habían planteado.

Plan local de prevención comunitaria de adicciones

En la elaboración de este Plan Local de Prevención Comunitaria de Adicciones participaron de una manera u otra unas 90 personas en representación de diferentes ámbitos. Bajo el lema Azkoitia sano, Azkoitia vivo "*Azkoitia osasuntsua, Azkoitia bizia*", entre todas y todos construyeron el marco necesario para que las personas pudieran vivir de modo saludable evitando los malos hábitos y las conductas adictivas.

Para ello, este Plan es una herramienta que marcó la ruta a seguir para fomentar un estilo de vida saludable. El problema social que representan las adicciones y conductas adictivas no es algo nuevo. Emerge en la sociedad a través del tiempo con diferentes formas y manifestaciones. Los aspectos sociales, económicos, educativos, tecnológicos, etc. dan a las comunidades unas características muy especiales. Usar sustancias que generan adicción, la dependencia al juego y el utilizar de forma inadecuada las nuevas tecnologías, entre otras, son algunas de ellas.

Conocer estas situaciones, sus causas y sus principales consecuencias, y analizarlas es básico para poder establecer una estrategia que establezca bases de trabajo para minimizar el problema y para tratarlo en condiciones óptimas tanto desde el ayuntamiento como desde la propia ciudadanía.

El Ayuntamiento, como administración más próxima a la comunidad, constituye el marco idóneo para reunir, analizar y satisfacer los intereses y aspiraciones ciudadanas en todo lo que tiene que ver con las condiciones de vida y las relaciones de convivencia. A través de la gestión de recursos y programas, le corresponde al municipio la función de conseguir unir y optimizar los esfuerzos para que las personas tengan los medios necesarios para vivir de modo saludable en sus diferentes aspectos físicos, emocionales y sociales.

La prevención comunitaria se entiende como el proceso de trasformación de una comunidad, a través de la participación de todas las personas que la componen (familia, movimiento asociativo, profesionales del ámbito de los servicios sociales educativo, sociocultural, sanitario, comerciantes…), convirtiéndose en agentes sociales que movilizan a la comunidad en la búsqueda de sus propios recursos, haciéndoles protagonistas de los cambios sociales.

Desde esta convicción y desde la necesaria contribución de todos los sectores sociales, el Plan Local de Prevención Comunitaria de Adicciones de Azkoitia 2020-2024, desarrolla el conjunto de intervenciones previstas para esos cuatro años.

Este Plan nace del trabajo impulsado por el departamento de servicios sociales junto a diversos agentes sociales, con la indispensable colaboración interdepartamental en el ámbito municipal; aspira a construir el marco necesario donde reunir, analizar y satisfacer los intereses y aspiraciones ciudadanas en todo lo que tiene que ver con las condiciones de vida y las relaciones de convivencia; y trata de desarrollar la potencialidad que la propia comunidad posee para que, con el esfuerzo de todos y todas, se contribuya a multiplicar la eficacia de las diferentes intervenciones que este Plan llevará a cabo durante los años 2020-2024.

El mapa morado y el diagnóstico urbano desde el punto de vista de las mujeres de Azkoitia

Se realizó un diagnóstico urbano participativo del municipio de Azkoitia desde la perspectiva de género, poniendo en un mapa unificado los puntos y la información, tanto cuantitativa como cualitativa, que reflejaran el proceso.

Los objetivos eran los siguientes:

1. Convertir el mapa compartido en una herramienta de trabajo y un resultado a la vez.

2. Formar al personal técnico municipal (y a los representantes políticos, en la medida de lo posible) en Urbanismo con Perspectiva de Género y en temas de género.

3. Ayudar a tomar conciencia de los beneficios que puede ofrecer la Visión de Género tanto en el trabajo técnico diario como en las decisiones estratégicas.

Las actuaciones del proyecto se llevaron a cabo en dos niveles: proponiendo por un lado sesiones mixtas de formación y participación, y por otro desarrollando el proceso con dos grupos de trabajo, el ayuntamiento por un lado y los grupos de mujeres y la ciudadanía por otro.

Para trabajar estos objetivos, se llevó a cabo un proceso mixto, alternando y unificando las sesiones de formación y participación. Así, desde el nivel teórico se quiso analizar tanto el urbanismo de Azkoitia (procesos de trabajo, toma de decisiones, planificación propiamente dicha, proyectos) como el entorno físico de las calles desde la perspectiva de Género. Se hizo especial hincapié, por tanto, en que la integración de la perspectiva de género en el urbanismo no se limita a establecer una pluralidad de criterios en la planificación y en los proyectos, sino que, más allá de ello, exige atravesar la cultura de trabajo, metodologías y prácticas con los ejes del feminismo y la equidad, poniendo en cuestión la posible neutralidad de datos y diagnósticos.

En cuanto a la participación, se propuso el proceso como un ejercicio de empoderamiento y desempoderamiento. El proyecto trató de materializar este cese y entrega en dos niveles diferentes: por un lado, había una redistribución del poder a otorgar entre el departamento de urbanismo y otras áreas del ayuntamiento, y por otro lado, entre el ayuntamiento y los grupos de mujeres y la ciudadanía.

A modo de conclusión, también se destacó otro beneficio del proceso de elaboración del Mapa Morado, ya que la constitución de la Mesa Social ha servido para acercar de alguna manera al Ayuntamiento y al grupo feminista local. El proceso del Mapa Morado en sí mismo no termina con su difusión, por ejemplo, al haber hecho público el mapa, se pueden añadir más capas, recoger otra información (cuantitativa, cualitativa), indicar los proyectos que se van a realizar, explicar cómo se ha incorporado la información del Mapa Morado los trabajos realizados, etc.

3.2.v Elgoibar

Mesa de educación

Se ha creado una mesa sobre educación en la que participan diferentes actores, tanto vinculados a la educación reglada como a la no reglada. En primer lugar, el Ayuntamiento con la concejala y la técnica del departamento de promoción infantil, adolescencia y juventud. En segundo lugar, el presidente y el director de deportes. En tercer lugar, por parte de educación estan todos los agentes que intervienen tanto de la *ikastola* como de la *herri eskola* (las escuelas) además de la ludoteca y el *Gazteleku*. Y por último, como agente sociocultural, forma parte Atxutxiamaika como espacio de ocio para los niños y niñas de 2-12 años. En un futuro cercano, una vez que se configuren y se asienten las dinámicas de trabajo, se irá ampliando la participación de la mesa de otros actores.

La funcionalidad de esta mesa es reflexionar no solo sobre los temas educativos sino también sobre la juventud y sus necesidades en la vida cotidiana de la localidad. De esta manera, los objetivos por un lado son crear una estructura de participación permanente que represente al ámbito educativo local y que permita la colaboración y por otro lado mejorar la convivencia sana e inclusiva e identificar las necesidades educativas a nivel municipal. De igual forma, se pretende compaginar la educación formal y no formal, responder de forma cohesionada a las necesidades educativas a nivel municipal y fomentar la comunidad educativa de Elgoibar en colaboración y confianza. De esta manera, se conseguiría potenciar el capital cultural y social de los niños y niñas.

3.2. vi Legazpi

Legazpi intergeneracional

Un reto actual de Legazpia junto a la DFG es el desarrollo del proyecto experimental "Legazpi intergeneracional" mediante el cual se quiere dar respuesta a los siguientes objetivos. Por un lado, responder al reto del envejecimiento de la población mediante un cambio de paradigma basado en la intergeneracionalidad. Por otro lado, crear espacios y usos intergeneracionales basados en las experiencias internacionales que puedan ser interesantes para Legazpia y extrapolables para el conjunto de Gipuzkoa.

El objetivo es diseñar un espacio de intercambio intergeneracional mediante un laboratorio experimental. El por qué de esta iniciativa reside en los datos poblacionales del municipio y es que en Legazpi el 34,4%, más de un tercio, de los habitantes son mayores de 60 años.

El equipo de trabajo que desarrolla el proyecto está formado por especialistas del Centro de Innovación y Emprendimiento ISEA de la Corporación Mondragón y alumnado del Master de Diseño Estratégico y *Diseinu Berrikuntza Zentroa* de Mondragon Unibertsitatea. Además, se contó con la presencia del Director del área de Estrategia de Diputación y técnicas de la Fundación Adinberri.

Así, de la colaboración con los y las 19 estudiantes de la universidad nacieron 4 propuestas para la creación de un espacio abierto de intercambio, experimentación y colaboración intergeneracional abierto a la ciudadanía de Legazpi. En primer lugar, Etxezpi prioriza la creación de una comunidad de aprendizaje. En segundo lugar, Zutabe para la creación de viviendas comunitarias. En tercer lugar, Aisia para llevar adelante actividades de grupo intergeneracional. Y en cuarto lugar, *Pentsa Kutxa* se plantea como un espacio para "pensar juntos" y crear relaciones entre diferentes grupos y asociaciones (amas de casa, jubilados, club de fútbol...). Estas propuestas, posteriormente, serán analizadas y trabajadas en un proceso de participación ciudadana que permitirá elegir el modelo o propuesta que se considere más interesante para la localidad sabiendo que el reto es promover la conexión intergeneracional para la transmisión de conocimiento y el desarrollo comunitario, promoviendo, en general, la cooperación y el envejecimiento en valor.

Presupuestos vinculados a los ODS

El presupuesto municipal 2023 se ha realizado vinculándolo a los objetivos de desarrollo sostenible (ODS) establecidos por la ONU.

Alinear los presupuestos municipales con los objetivos ha ayudado al ayuntamiento a darse cuenta del porcentaje invertido en cada objetivo y ha facilitado el poder asegurar que todos los objetivos reciben presupuesto para su desarrollo, ya que hay algunos que normalmente suelen pasar desapercividos.

La Asamblea General de Naciones Unidas aprobó por unanimidad en septiembre de 2015 la Agenda 2030, que es un plan de acción universal, integral y transformador orientado a favorecer el desarrollo humano con un carácter sostenible en el ámbito social, económico y del medio ambiente.

La Agenda cuenta con 17 objetivos (ODS), que en Euskadi se han complementado con el Objetivo 18 que contempla el euskara, para conseguir un futuro sostenible para todas y todos.Estos ODS se interrelacionan entre sí e incorporan los desafíos globales a los que nos enfrentamos en base a cinco dimensiones: personas, prosperidad, planeta, participación colectiva o partenariado y paz.

A pesar de que los Objetivos de Desarrollo Sostenible no son obligatorios, el Equipo de Gobierno de Legazpi los adopta como propios, empleándolos como guía para armonizarlos con los 29 programas municipales que conforman el presupuesto municipal.

Analizando la resolución de los presupuestos de Legazpi vinculados a los Objetivos de Desarrollo Sostenible, puede observarse que el ODS 1 Fin de la pobreza, ODS 16 Paz, Justicia e Instituciones sólidas, ODS 11 Ciudades y comunidades sostenibles, ODS 4 Educación de calidad y ODS 3 Salud y bienestar suponen el 76% de gasto total.

Código de ética y buen gobierno

El Código Etico y de Buen Gobierno del Equipo de Gobierno de Legazpi establece los principios y valores éticos y las normas de conducta que deberán ser observadas y promovidas por el Equipo de Gobierno.

Es un marco autorregulador que obliga, a través del correspondiente compromiso de adhesión a los miembros del Equipo de Gobierno. Los valores éticos aprobados son los siguientes: Representación, Integridad, Ejemplaridad, Honestidad y Desinterés Subjetivo, Objetividad, Convivencia y Respeto.

Los principios de buen gobierno aprobados son los siguientes: Transparencia, Eficiencia e Innovación, Responsabilidad y Rendición de cuentas, Sostenibilidad y Compromiso cívico, defensa de la lengua y cultura propia y de la diversidad.

De esta manera se quiere convertir al Ayuntamiento de Legazpi en ejemplo de buena gobernanza; menos basado en jerarquías y control y que apueste por la cooperación, en el que el protagonismo lo adquieran los procesos, la colaboración y la confianza.

Por ello, el ayuntamiento lleva años trabajando en la definición de un Sistema de Integridad Institucional que sea refrendado por el Pleno de la Corporación Municipal y un Código Etico complementario para los demás cargos públicos municipales.

De esta manera se quiere construir un Legazpi ejemplar que se suma a la iniciativa de la Diputación Foral de Gipuzkoa de construir una Gipuzkoa ejemplar.

3.2.vii Andoain

Andoain elkarlanean

Se trata de una nueva dinámica de participación ciudadana, buen gobierno y transparencia que define 8 líneas estratégicas y 65 actuaciones que se llevarán a cabo a lo largo del presente mandato. Entre los objetivos principales de esta nueva dinámica destacan mejorar la interacción con la ciudadanía, establecer mecanismos de comunicación bidireccional con la ciudadanía, realizar seguimiento de las actuaciones o compromisos adquiridos y rendir cuentas sobre el grado de cumplimiento de los mismos.

Para su elaboración, el equipo de gobierno municipal compartió las líneas programáticas de cada partido político y definieron 8 líneas estratégicas y 65 actuaciones municipales. Tras la aprobación de Andoain elkarlanean en el pleno municipal, el ayuntamiento presentó la planificación municipal para el mandato 2019 – 2023 en 7 barrios del municipio, encuentros en los que se recogieron propuestas de las vecinas y vecinos de Andoain.

Estas son las 8 líneas estratégicas:

1. Andoain vivo
2. Andoain social
3. Andoain en crecimiento
4. Andoain competitivo
5. Andoain sostenible
6. Andoain para la igualdad y la diversidad, andoain inclusivo
7. Andoain del Euskara: «Euskararen Andoain»
8. Andoain de la convivencia

Proyecto Tratu On

En 2019 se inició la iniciativa *Tratu On* Plan local para el buen trato a la infancia desde un enfoque participativo de la comunidad. Para empezar, se creó un grupo motor junto con diferentes agentes sociales del municipio y la asesoría/colaboración de la asociación Hezi Zerb y la entidad Educo.

El objetivo era realizar una participación comunitaria durante tres años. Para ello han participado el Ayuntamiento, los 3 centros escolares de la localidad, entidades sociales, padres y madres y niños y adolescentes.

Con motivo del Covid-19 vieron la necesidad de adaptar la forma de trabajar a la situación del momento, por ejemplo con entrevistas online.

A través del diálogo con los niños, niñas y adolescentes se pusieron sobre la mesa diferentes planteamientos y el ayuntamiento tuvo la oportunidad de aprender de ellos. En más de una ocasión se ha insistido en la importancia del ejercicio de escuchar.

El resultado de este ejercicio de escucha fue el plan local para el buen trato a la infancia, presentado en asamblea el 31 de abril de 2022. Fue una sesión extraordinaria porque fueron sobre todo los niños, niñas y adolescentes los que presentaron el plan. Por otro lado, realizaron jornadas dirigidas a expertos para compartir su experiencia.

- Son diversos los retos a los que se enfrentan los niños, niñas y adolescentes en la actualidad: pobreza, desigualdades, violencia, discriminación, internet y redes sociales. Por ello, este plan incide en los derechos de la infancia, tanto en sus deseos como en las políticas públicas que salen adelante. La idea es conocer las cosas que se trabajan en el Ayuntamiento y que ellos alimenten ese trabajo.

- Por tanto, para abordar los retos a los que se enfrentan los niños, niñas y adolescentes es imprescindible garantizar su presencia.

En un segundo momento se realizó un resumen del plan y se buzoneó desde las casas del municipio para que los padres hablaran con sus hijos sobre el plan.

El Plan cuenta con 8 líneas estratégicas: participación (a través de foros), creación de espacios seguros, sensibilización social, parentalidad/marentalidad positiva, autoprotección, garantizar la mesa de agentes sociales (para la agenda de seguimiento del plan), llevar a cabo programas estables adaptados a la infancia y la adolescencia y desarrollar acciones preventivas concretas en el contexto de internet y redes sociales.

En el marco de este programa, en el año 2019 y desde la EMA, con 3 ejes principales, se ha desarrollado una herramienta de detección precoz del malestar infantil.

En primer lugar, se ha creado un programa para trabajar la educación emocional y promover el buen trato. En segundo lugar, se ha creado una aplicación informática que recoge datos sistémicos anónimos. Cada alumno o alumna tiene un código que muestra las emociones con las que más se identifica. Por lo tanto, se deja claro que no se trata de una herramienta de control infantil, sino de una herramienta que permite incidir si se detecta algún problema. En tercer lugar, para ayudar al alumnado y profesorado en este proceso, se garantiza el acompañamiento de profesionales expertos en infancia para valorar la información que se recibe.

El proceso se implementó en el curso 2019-2020 y participaron 3 centros de primaria con alumnado de 4º y 5º. A la vista del éxito obtenido en el primer año, se decidió ampliar la franja de edad del alumnado para el curso 2020-2021, logrando la participación del alumnado de 3º a 6º de primaria. Este año, en el curso 2021-2022, ha ampliado el proceso a los comedores teniendo en cuenta el tiempo que los alumnos permanecen en este espacio. Asimismo, se apostó por ampliarlo a los alumnos de 1º de ESO, teniendo en cuenta el cambio que supone el inicio de un nuevo ciclo. En el curso 2020-2021 se atendió a 700 niños y niñas y se atendieron 78 casos (11%).

Deben elegir una de las emociones que presenta la imagen que aparece en la tableta facilitada por el alumnado a la hora de acceder a clase: tranquilidad, miedo, alegría, tristeza, rabia, asco Este ejercicio permite saber cómo vienen los alumnos de casa. Este procedimiento se realiza a la hora de acceder a la habitación, antes y después del patio, al finalizar las sesiones y antes y después de acudir al comedor para medir si hay cambios en las diferentes situaciones del día.

El proceso ha permitido obtener un termómetro emocional de cada alumno de los 3 centros educativos. Los datos muestran una comparación entre centros y también entre clases. En general, los resultados muestran satisfacción infantil (67%), pero en menor medida han aparecido otras situaciones como el 7% manifiesta rabia y el 9% tristeza. Los gráficos muestran durante semanas la evolución de las emociones de los alumnos. La importancia de la elaboración de estos datos está en la capacidad de incidir, en la detección precoz y en el avance hacia posibles situaciones.

De esta acción han salido resultados interesantes. Para empezar, se ha conseguido trabajar la educación emocional diaria. De esta forma, se ha conseguido integrar un código de conducta. Sobre todo interiorizando que deben pedir ayuda y trabajar la capacidad de identificar y diferenciar conductas no deseables y no aceptables. Por otro lado, ha demostrado una gran eficacia para detectar y dar a conocer los casos no verbales a través de la arqueta de la tableta. Por último, y uno de los aspectos más importantes, la escucha ha sido el logro más notable sobre todo en lo que piensan, cómo se sienten en todo momento y la valoración que hacen del proceso.

3.2.viii Oñati

Eltzia

"Eltzia" es una iniciativa impulsada por el Ayuntamiento de Oñati junto con las asociaciones, grupos y colectivos del municipio. Inició su andadura en 2013, aprovechando las posibilidades que ofrecía el edificio situado en el número 16 del barrio de Larraña. Se basa en la idea de la colaboración público-social y el objetivo último es que las asociaciones, grupos y colectivos locales desarrollen, compartan, colaboren y conecten su labor desde una perspectiva comunitaria.

La gestión de la iniciativa así como del propio edificio (organización de grupos de trabajo para su funcionamiento, gestión del uso de espacios, las tareas de limpieza, etc.) corre a cargo de la asociación sociocultural "ELTZIA, herri sormena etxea", que representa el conjunto de asociaciones, grupos y colectivos que la conforman.

El edificio cuenta con aproximadamente 6.000 metros cuadrados de los cuales 4.000 están dedicados a la iniciativa. A pesar de que algunas agrupaciones se reunían previamente en otro espacio, muchos de los grupos han surgido a raíz del proceso Eltzia. De esta manera, el proyecto reúne alrededor de 25 grupos del municipio y para ello, Eltzia se divide en 5 corporaciones que agrupa a asociaciones con un carácter similar . En primer lugar, "Gorputz Eltzia" se conforma por las agrupaciones de baile, yoga y teatro. En segundo lugar, "Sormen Eltzia" por los grupos de pintura, fotografía y bertsolaritza. En tercer lugar, "Musika Eltzia", la forman 30-40 grupos de música. En cuarto lugar, "Herri Mugimendu Eltzia" reune a los distintos movimientos sociales, feministas y ONG. Y en quinto lugar, "Auzoa Eltzia" por un lado como lugar de encuentro para las personas adultas y jubiladas y por otro lado el lugar de encuentro para las familias y los y las niñas.

Eltzia se gestiona en asamblea entre las personas usuarias quienes se organizan en el Equipo de Coordinadoras, un equipo formado por miembros de los grupos de la asociación sociocultural, Eltzia. Asimismo, la coordinación va cambiando a partir de lo sugerido por los propios colectivos y asociaciones de Eltzia. Además, y en el marco de una normativa interna, existen grupos de comunicación que, entre otras tareas, son interlocutores con la asociación sociocultural.

En cuanto a la relación con el Ayuntamiento, por una parte, existe un convenio en el que se recogen las obligaciones y los derechos tanto de las personas usuarias como del consistorio, y por otra, hay establecidas dos reuniones al año, además de mantener encuentros puntuales en función de las necesidades; si bien, el contacto se da de manera frecuente, lo que muestra una buena relación con la entidad local.

Erreusak

Con el objetivo de recoger y dar a conocer el patrimonio cultural de Oñati, el proyecto Erreusak ha trabajado para conseguir la recolección y catalogación de herramientas e instrumentos de trabajo de los caserios del municipio.

Esta iniciativa sale a la luz con la colaboración del Ayuntamiento y la ayuda del grupo Gure Bazterrak que va a guiar el plan. Erreusak se muestra como el primer paso para la creación de un muestrario compartido sobre el patrimonio etnográfico de Oñati. La idea del proyecto surgió a principios del año de 2021 y en marzo comenzaron a darle forma al plan. A partir de marzo comenzaron con tareas de planificación y en verano iniciaron el trabajo de campo. Para ello, se planeó la visita a los caseríos de la localidad para explorar qué bienes tienen en su posesión, identificando así 88 puntos de interés.

Uno de los ejes principales del proyecto es realizar una catalogación de objetos vinculados con la vida diaria de épocas pasadas con la ayuda de los testimonios de los y las habitantes que han sido testigos de esos modos de vida. Algunos de los objetos registrados son los siguientes: medallas con valor social y religioso, trampas para pájaros, cuchillos, hachas, fajas para bebés, herramientas de trabajo para el campo y ganado, etc. Lo particular de esta iniciativa es que la recogida del patrimonio etnográfico no sólo recoge los objetos materiales sino que se tiene en cuenta el contenido inmaterial y las historias que se esconden detrás. La intención del proyecto es aportar valor histórico y social a aquellos elementos que a simple vista pueden parecer inservibles ("erreusak").

Caminatas "dana zana"

En el año 2018 el Ayuntamiento de Oñati comenzó a escribir el Plan Gerenal de Ordenación Urbana de Oñati con el fin de determinar el uso que se le va a dar al suelo (rural y urbano) del municipio, es decir, definir cómo se quiere que sea Oñati de aquí a 20 o 30 años.

El proceso de escritura del HAPO es estratégico, no solo por su importancia urbanística, sino por el impacto que va a suponer en todos los aspectos de la vida diaria de los habitantes. Es por ello que el Ayuntamiento ha hecho un gran esfuerzo para que los y las ciudadanas de Oñati participasen de forma activa en la escritura del HAPO.

Organizaron una presentación llamada "Oñati dana zana" que mostraba la forma en la que el municipio ha cambiado con el paso de los años. La exposición estuvo abierta durante un mes y, además, los sábados se prepararon caminatas guiadas para analizar cómo ha sido Oñati y como se quiere que sea. Primeramente se adentraron en el río para pasar debajo de Oñati y ver el tratamiento que ha tenido el río en el municipio. Después se dio un paseo por los alrededores del municipio para observar los cambios que se han dado en el entorno rural. Seguidamente, se visitaron espacios públicos que han sido seleccionados por los y las arquitectas de Oñati para hablar del pasado y presente de estos lugares. Posteriormente, se adentraron en los jardines y huertas privadas para ver lugares naturales dentro del Oñati edificado. Finalmente, para cerrar la muestra, se dibujaron las diferentes Oñañtis que cada persona vive y siente, representando el mayor número de diversidades.

El núcleo de estos cambios son los planes de urbanismo que se han implementado en cada periodo, es por ello que desde el Ayuntamiento ven importante la necesidad de que la población entienda el plan que está por redactar. De esta manera, y rescatando una de las famosas frases de la socióloga y urbanista Jane Jacobs, se ha querido dejar claro que *"no hay ninguna lógica que pueda ser impuesta a la ciudada; la gente la hace, y es a ella, no a los edificios, a la que hay que adaptar nuestros planes"*.

3.2.ix Deba

Proceso Dagigun

A partir de una necesidad concreta, esto es, qué hacer en el paseo de la Alameda de Calbetón, se puso en marcha un proceso participativo para reactivar la cultura democrática y participativa en la localidad. El proceso iniciado se está llevando a cabo a partir de la metodología de cooperación administrativo-ciudadana.

A principios de 2021, el Geoparque de la Costa Vasca traslada al ayuntamiento una propuesta para desarrollar en Deba un proyecto del valle paleolítico que partiría de la Alameda de Calbetón.

La Alameda es un espacio estratégico en el municipio, de gran uso y desde la institución local se entiende que cualquier actividad que se quiera desarrollar en aquel espacio debe contar con la colaboración y participación de la gente de Deba. Por ello, en el mes de marzo, la Comisión de Participación ciudadana hizo un llamamiento a las entidades del municipio y a la ciudadanía de Deba e Itziar para que participasen en el proceso.

El proceso se está desarrollando a partir de la metodología de cooperación administrativo-ciudadana que hace posible y operativa la participación y cooperación entre la administración (nivel técnico y político), la ciudadanía y diversos agentes del municipio. Así, el espacio de participación que se quiere crear, hará posible que la escucha, la deliberación y la experimentación favorezcan la construcción de una agenda pública municipal de manera colectiva, además de poder dar respuesta a los retos futuros y estratégicos de Deba.

Estos son los pasos que han dado:

1. El proceso comenzó en la Comisión de Participación ciudadana en la que están representados todos los partidos políticos y se reconoció, así, el espacio de decisión de la ciudadanía.

2. El personal técnico preparó la documentación para ofrecerla a la ciudadanía y capacitarla, de tal manera que todas las personas que quieran participar tengan conocimiento sobre el espacio, el entorno y el municipio y poder responder, así, a la pregunta qué harían en el paseo de la Alameda.

3. En paralelo, se desarrolló un mapa de agentes en el que se identificaron 80 entidades y asociaciones de Deba e Itziar. Asimismo, y en el momento de diseñar e iniciar el debate sobre un espacio de participación, se celebraron seis encuentros con agentes y ciudadanía para saber y escuchar qué les preocupa.

4. Se creó un nuevo espacio en la web municipal para compartir documentos y videos, entre otros, relacionados con el proceso.

5. Se presentó públicamente el proceso iniciado y la metodología que se utilizará para du desarrollo. Se presentó, también, el sello de calidad democrática, *Dagigun,* un sello de identidad que cualquier entidad que inicie y desarrolle un proceso similar, lo puede utilizar.

6. Capacitación de las y los jóvenes del Deba. Uno de los objetivos del proceso iniciado es crear cantera y para ello, se ha capacitado a 8 jóvenes de distintas disciplinas académicas, de tal manera que sean ellas y ellos quienes lideren el proceso actual y los futuros procesos.

7. Formaciones y capacitaciones al personal técnico municipal (21), entidades y agente de Deba e Itziar (50) y a 8 jóvenes del municipio. La formación al personal municipal se centró en cómo transformar las estructuras internas y el funcionamiento municipal para favorecer la cultura participativa y democrática. Las entidades y agentes, por su parte, y a partir de varios casos prácticos sobre procesos administrativos, recibieron formación en democracia interna y organizacional. Y por último, las sesiones con las jóvenes y los jóvenes se centraron en participación comunitaria.

8. Celebración de varias charlas sobre los temas identificados al inicio del proceso y que preocupan a la ciudadanía, como por ejemplo el empleo o la cultura.

9. Realización de talleres participativos. Las y los jóvenes que handinamizado los talleres han realizado dos sesiones en las que han trabajado el diseño del proceso participativo y urbanístico y han comenzado a diseñar las dinámicas para el proceso de la Alameda.

10. Análisis de los resultados y creación del dossier de devolución.

11. Presentación de los resultados y distribución del dossier a la ciudadanía.

En la actualidad, una vez terminado el proceso vinculado a la alameda, se ha decidido mantener el espacio de participación Dagigun para ir definiendo y haciendo frente a los retos locales de deba de una manera abierta, colaborativa y participativa.

3.2.x Hernani

Plan de energía sostenible

El municipio de Hernani ocupa una superficie aproximada de 40 km2. La actividad urbana se concentra en el 9% del territorio mientras que el 91% restante tiene un marcado carácter rural.

El impulso a la sostenibilidad local y la lucha contra el cambio climático han venido de la mano de la Agenda Local 21. Hernani entró a formar parte de Udalsarea 21 en 2005 y en 2006 el pleno aprobó su primer Plan de Agenda Local 21, que estuvo en vigor hasta el año 2013, cuando se procedió a su revisión y a la definición del nuevo Plan 2013-2020.

Desde el inicio se ha venido realizando una gestión activa del mismo, evaluando anualmente su grado de ejecución y calculando indicadores de sostenibilidad local e inventarios de gases de efecto invernadero.

En este contexto, Hernani ha emprendido a lo largo de los últimos años algunas iniciativas en forma de planes, normativas y proyectos orientados al impulso de un desarrollo sostenible y la reducción del consumo energético y de la contribución a las emisiones de GEI.

Entre los planes e iniciativas que se han realizado, destacan los siguientes, que se encuentran plenamente alineadas con el espíritu y objetivos del PESM:

• Avance revisión del Plan General Ordenación Urbana Hernani.

• Plan de Movilidad Urbana Sostenible de Hernani.

• Auditorías energéticas en equipamientos municipales y en el alumbrado público.

• Actuaciones de sensibilización y educación ciudadanía en materia energética, de movilidad, agua y residuos ejecutadas en el marco de la Agenda Local 21.

Asimismo, cabe destacar la apuesta del municipio por un modelo de recogida puerta a puerta de residuos que, además de contribuir a alcanzar elevadas tasas de recogida selectiva, incide de forma directa en la reducción de emisiones de GEI. Hernani ha sido pionero en esta materia y los resultados le avalan. En 2010 se puso en marcha el nuevo sistema y la tasa de recogida selectiva ha pasado del 32% en 2009 a superar en la actualidad el 80%.

Así pues, el municipio dispone de un buen punto de partida para emprender la elaboración del PESM, de forma que éste ha de orientarse a la máxima valorización de los esfuerzos elaborados, el completar ámbitos e iniciativas de actuación en aquellos aspectos en los que se puedan detectar más lagunas, y crear un marco de integración global, cuyo elemento fundamental ha de ser la contabilidad de emisiones de GEI reducidas y la consecución de los objetivos de mitigación de acuerdo nuevo marco comunitario establecido mediante el nuevo pacto de cara al año 2030.

Para hacer el plan de energía sostenible de cara al 2030 se analizaron los planes anteriores:

- II Plan de Acción de Agenda Local 21 (2013-2020)
- Revisión de las Normas Subsidiarias de Hernani (2016)
- Plan de Movilidad Urbana Sostenible de Hernani (2010)
- Auditoría de Alumbrado Público

Tras el análisis se definieron las propuestas de mejora y se detallaron las claves del enfoque estratégico del plan de energía sosotenible, que en el caso de Hernani fueron las siguientes:

o Integrar en las medidas PAES políticas, planes e iniciativas, ya previstas o incorporables en el futuro, del conjunto de agentes locales –ciudanía, empresas y tercer sector– y supramunicipal –administraciones supramunicipales - que inciden sobre el sistema ciudad, y particularmente sobre el consumo energético y emisión de gases de GEI producidos.

o Incorporar el conjunto de políticas, planes e iniciativas ya previstos por el ayuntamiento para los próximos años que contribuyan positivamente al ahorro energético y reducción de emisiones de GEI del municipio.

o Intervenir en el conjunto de sectores (ayuntamiento, residencial y servicios) y líneas de intervención posibles (eficiencia energética, energías renovables, movilidad, residuos y agua), a pesar de que en algunos de ellos el ayuntamiento tan sólo disponga de un rol impulsor o facilitador.

o Priorizar el esfuerzo sobre aquellos sectores con mayor peso en la distribución de emisiones de GEI para el año 2030: movilidad y residencial. En el caso de la movilidad, se añade la condición de ser un sector sobre el que el ayuntamiento tiene un mayor margen de intervención.

o Considerar con particular atención al sector ayuntamiento, no por constituir un sector relevante en el conjunto de emisiones de GEI del municipio (inferior al 2%), sino por constituir el sector sobre el que hay mayor capacidad de incidencia, puede suponer ahorros económicos potenciales para el ayuntamiento, y finalmente, por tener de un carácter ejemplificador.

o Reforzar un enfoque en priorizar, en primera instancia, la reducción de la demanda en cada uno de los sectores (consumo energético, demanda de movilidad, producción de residuos, consumo de agua), previo a la intervención sobre la oferta para satisfacer la citada demanda (mejoras en las tecnologías de los vehículos, gestión e infraestructuras tratamiento de los residuos, infraestructuras de transporte, etc.

Finalmente, partiendo de las claves detectadas, se definió el plan de acción que cuenta con seis líneas estratégicas que afectan 5 sectores:

o Líneas estratégicas:

Línea 1. Reducción de la demanda

Línea 2. Eficiencia energética

Línea 3. Energías renovables

Línea 4. Movilidad

Línea 5. Residuos

Línea 6. Agua

o Sectores:

- Sector residencial

- Sector servicios

- Sector ayuntamiento (incluye dependencias municipales, alumbrado público y de señalización)

- Sector municipio (cuando se incide conjuntamente en sector residencial y sector servicios)

Plan de acogida

Entendiendo que la movilidad ciudadana es habitual y se sostiene en el tiempo, el Ayuntamiento de Hernani ha desarrollado un proceso de revisión y renovación del Protocolo de Acogida para personas recién llegadas a Hernani, partiendo de la perspectiva de que los nuevos y nuevas hernaniarras sean parte activa del pueblo y puedan tener satisfechas las necesidades vitales básicas. El proceso ha tenido dos fases principales: en primer lugar, se ha querido conocer y valorar la acogida que se realiza actualmente, para lo que se ha realizado una explotación de datos estadísticos y entrevistas en profundidad. Con estos dos trabajos se ha completado el diagnóstico de la acogida actual. A continuación, la segunda fase de trabajo se ha centrado en la recogida de propuestas y aportaciones para mejorar la acogida y el diseño de un protocolo para su puesta en marcha de cara al futuro. Y para ello se han mantenido varias reuniones de contraste con agentes, entidades y personas de ámbito local para que realizaran nuevas propuestas.

El proceso llegó a su fin con una jornada de presentación que tenía como objetivo presentar el protocolo de acogida que se había creado con la colaboración y aportación de la ciudadanía y diversidad de agentes, junto con los compromisos que asume el Ayuntamiento en esta materia. Al mismo tiempo, el segundo objetivo fue realizar la devolución a todas las personas que participaron en el proceso. La jornada contó con traducción simultánea, además de un servicio de cuidado de menores para facilitar la participación ciudadana.

Además de ello, Heranani cuenta con una guía de recursos e información local. Por un lado, el manual contiene información sobre las necesidades básicas pues se entiende que constituyen derechos fundamentales. Por otro lado, se ofrecen contenidos que pueden animar la participación activa en la vida local. Así, la guía trae consigo información sobre el Euskera, la Oficina Integral de Acogida, el Ayuntamiento, el empadronamiento, la participación ciudadana, salud (*Osakidetza*), actividades culturales (casa de cultura Biteri), servicio de biblioteca, servicios sociales, recursos relacionados con el empleo y la inserción laboral, oferta de actividades físicas y deporte, Plaza Feminista Intercultural, SOS Racismo (ya que realiza actividades de acogida, asesoramiento, asistencia y sensibilización en materia de extranjería), información sobre educación y centros escolares, espacios para el ocio en infancia, adolescencia y juventud y, por último, Información general a cerca de los residuos, transporte público, impuestos y tasas, policía municipal, servicio postal de correo ordinario y lugares de acceso a internet.

Hernani ha aceptado el reto de ser un Municipio de Acogida y es por eso que desde el Ayuntamiento se pretende que las nuevas personas que llegan a la localidad sientan el pueblo tan suyo como las personas que actualmente lo habitan.

3.2.xi Eibar

Plan de comunicación y transparencia

El objetivo principal del presente "Plan de Comunicación y Transparencia 2021-2023" es impulsar y mejorar la comunicación interna y externa del Ayuntamiento de Eibar, así como la transparencia municipal, para el periodo 2021-2023. Asimismo, mediante dicho Plan, se pretende dar continuidad a las primeras estrategias de comunicación y transparencia elaboradas y desarrolladas por la institución en 2016 y 2017, respectivamente.

El nuevo proyecto, que forma parte del Plan de Mandato 2019-2023, afecta de forma transversal a todas las áreas, servicios y unidades del Ayuntamiento de Eibar. A nivel interno, el ámbito de las actuaciones propuestas en este Plan será el propio Ayuntamiento de Eibar (áreas, servicios y unidades municipales, así como los grupos políticos municipales y sindicatos), y, a nivel externo, la propia ciudadanía eibarresa y sociedad en general, así como los medios de comunicación locales, principalmente.

Los beneficios esperados tras la elaboración e implantación del nuevo Plan son: favorecer la coordinación entre las distintas áreas y/o servicios municipales; y mejorar la percepción de la ciudadanía y medios de comunicación, con respecto a la relación que mantienen con el Ayuntamiento.

El presente Plan, realizado con recursos humanos municipales, recoge, en primer lugar, un análisis y/o diagnóstico general para determinar cuál es la situación del Ayuntamiento de Eibar en materia de comunicación y transparencia. Para realizar dicho análisis, se ha aplicado una metodología cualitativa, y entre las técnicas utilizadas, destacan la entrevista, la observación participante, la encuesta, así como la revisión de documentos (planes y programas municipales, memorias...) y distintos canales de comunicación municipales, tanto online como offline (página web y microsites municipales, redes sociales, boletines informativos o newsletters, aplicación móvil, revistas y folletos...).

La fase de diagnóstico se elaboró entre los meses de octubre y noviembre de 2020. En total, se realizaron 19 entrevistas: quince de ellas a responsables de áreas, servicios y unidades municipales, y otras cuatro entrevistas a cargos electos de la Corporación (Alcalde y portavoces de los grupos políticos de la oposición). Asimismo, se obtuvieron 220 encuestas para valorar la situación de la comunicación y la transparencia municipal: 90 de ellas, cumplimentadas por empleados/as municipales, grupos políticos y sindicatos, y otras 130 realizadas por la ciudadanía eibarresa.

CAPÍTULO IV: **CREACIÓN DE UNA COMUNIDAD DE APRENDIZAJE**

4.1.UDAL ETORKIZUNA ERAIKIZ

4.1.i Descripción del proyecto

El proyecto *Udal Etorkizuna Eraikiz* consiste en dos procesos inter-relacionados que se nutren mutuamente: socializar el modelo *Etorkizuna Eraikiz* de la Diputación Foral de Gipuzkoa en una selección de municipios del Territorio Histórico de Gipuzkoa y conectar a la Diputación con la experiencia y la innovación municipal a fin de informar y mejorar el modelo de gobernanza colaborativa de la misma.

Los municipios que participan son los siguientes: Rentería, Hernani, Zarautz, Deba, Elgoibar, Éibar, Oñati, Legazpi, Azkoitia, Beasain, Andoain y Usurbil.

Su objetivo principal es la constitución de una comunidad de aprendizaje práctica, compuesta por los municipios y la Diputación, que aprende y mejora la manera en la que se ejerce el gobierno y la gestión pública. Desde otra óptica, se podría decir que un objetivo relevante también es el de compartir la filosofía del programa *Etorkizuna Eraikiz* (no sólo la Gobernanza Colaborativa) con un conjunto significativo de municipios de Gipuzkoa, de tal forma que cada municipio desarrolle su propio *Etorkizuna Eraikiz*, pero imprimiéndole un carácter distintivo. Un último objetivo, que no estaba en el diseño, pero que ha resultado ser importante, es la mejora de la coordinación entre actores políticos locales y actores de la Diputación. El papel de las agencias territoriales de desarrollo no se ha definido todavía en relación al esquema de trabajo, pero es un nivel al que, en algún momento, también se le prestará atención.

De este modo, se podría avanzar en la creación de una red de municipios, un ecosistema o comunidad de discurso que aprende conjuntamente sobre la innovación política y la gobernanza colaborativa, y en consecuencia mejorar la buena gobernanza en el territorio, mediante el intercambio de buenas prácticas entre los municipios gipuzkoanos, y entre éstos y la Diputación Foral de Gipuzkoa.

El reto principal consiste en compartir el modelo y la filosofía del proyecto *Etorkizuna Eraikiz* de la Diputación Foral de Gipuzkoa mediante la creación de una comunidad de aprendizaje que sirva para anticiparse al futuro, compartir experiencias y responder desde la gobernanza colaborativa a los retos del territorio.

Establecer un sistema de aprendizaje que vaya más allá de las personas que lo componen y que sobreviva al ciclo político, así como lograr que haya un territorio que aprende orgánicamente de su experiencia política, estarían en el corazón del desafío.

4.1.ii Planteamiento metodológico

En todo proyecto de investigación, el planteamiento metodológico juega un papel fundamental en el diseño y desarrollo del mismo. Este planteamiento establece los métodos y técnicas que se utilizarán para recolectar y analizar los datos, así como también define los pasos y etapas necesarios para alcanzar los objetivos del proyecto.

Por lo tanto, resulta esencial contar con una definición clara y precisa del planteamiento metodológico, que permita comprender su importancia y aplicación en el desarrollo. A continuación, se presenta el planteamiento metodológico del proyecto *Udal Etorkizuna Eraikiz*.

¿Qué se quiere conseguir?

- Crear comunidad de aprendizaje y definir un proyecto común en el marco de un proceso de transformación continuo y permanente, alineado con la Agenda 2030.

- Generar un ecosistema de aprendizaje sobre gobernanza colaborativa, abierta y anticipatoria en el que se puedan compartir experiencias y aprender de los procesos de los otros municipios.

- Promover un modelo de gobernanza colaborativa, abierta y anticipatoria en el que los ayuntamientos vayan poco a poco asumiendo un liderazgo facilitador y catalizador para hacer realidad la visión compartida sobre el futuro de Gipuzkoa.

- Construir cultura política desde la escucha, el aprendizaje colectivo y la experimentación.

- Generar valor público.

- Mejorar la coordinación de los actores relacionados con la gobernanza y el desarrollo del territorio.

¿Cómo?

Desde la escucha activa y el aprendizaje compartido, se ha ido elaborando un diagnóstico compartido que ha hecho visibles cuáles son las necesidades y demandas municipales en cuanto a gobernanza colaborativa, abierta y anticipatoria. Este diagnóstico ha servido también para recoger y poner en valor todos aquellos mecanismos, instrumentos de gobernanza o experiencias ejemplares que han sido puestas en marcha por los ayuntamientos; se trata, por tanto, de compartir y generar conocimiento práctico e ir construyendo una cultura política basada en la escucha, la reflexión, la colaboración, el aprendizaje y la experimentación.

Para ello se proponen 3 fases de desarrollo principales:

1 FASE: DIAGNÓSTICO

- Lanzamiento de la comunidad *Udal Etorkizuna Eraikiz*
- Elaboración de un diagnóstico compartido y diseño de planes de acción que partan de las necesidades y demandas municipales que estén alineadas con la filosofía de *Etorkizuna Eraikiz*.
- Detección de buenas experiencias que puedan servir de referencia para otros municipios.
- Detección de los retos compartidos.

2 FASE: EXPERIMENTACIÓN Y ACOMPAÑAMIENTO

- Desarrollo del plan de acción municipal mediante experimentación asistida.
- Creación de una comunidad de aprendizaje y una red de colaboración entre los municipios que participen en *Udal Etorkizuna Eraikiz*, la DFG y *Globernace*.
- Puesta en valor, cobertura y enlace de experiencias y buenas prácticas que ya se están desarrollando en distintos municipios.
- Creación de espacios de espacios de interlocución efectivos dentro de la comunidad de aprendizaje:
  - Espacio sectorial para el intercambio de experiencias.
  - Espacio formativo para el aprendizaje conjunto sobre diversas temáticas vinculadas a los retos comunes.
  - Espacio plenario para que todos los ayuntamientos puedan reflexionar y se vaya generando confianza dentro de la comunidad de aprendizaje.
- Acompañamiento asistido a lo largo del proceso.

3 FASE: EVALUACIÓN, CONCEPTUALIZACIÓN Y DIFUSIÓN

- Evaluación compartida del proceso.
- Conceptualización y sistematización del proceso y los resultados para que sirva como paraguas académico para las futuras experiencias de gobernanza colaborativa, tanto de Gipuzkoa como de fuera del territorio.

4.1.iii Proceso/desarrollo

Contacto inicial con los municipios

Se ha contactado con los 12 municipios según los siguientes criterios: diversidad política, igualdad de género, representación de las distintas comarcas, diversidad de tamaños (siendo los escogidos municipios medianos-grandes).

En un comienzo, a pesar de seleccionar y contactar con 12 municipios, se tenía la expectativa de formar la comunidad de aprendizaje con 8 municipios. Sin embargo, todos los municipios contactados mostraron interés en participar, haciendo que la comunidad de aprendizaje inicial se ampliara a 12. A pesar de que se contaba con una lista adicional de municipios que podían participar en el caso de que fallaran los anteriores, no se tuvo que recurrir a la misma.

Así, los municipios que en la fase inicial participaron en la comunidad de aprendizaje de *Udal Etorkizuna Eraikiz* son los siguientes:

BIDASOALDEA	IRUN
OARSOALDEA	RENTERIA
BURUNTZALDEA	HERNANI ANDOAIN
UROLA KOSTA	ZARAUTZ
GOIERRI	BEASAIN LEGAZPI
UROLA GARAIA	AZKOITIA
DEBAGOIENA	OÑATI
DEBABARRENA	EIBAR ELGOIBAR DEBA

En esta primera etapa, se realizó una reunión de presentación en cada municipio para dar a conocer mejor la iniciativa y confirmar la participación en la misma.

Presentación oficial de la comunidad de aprendizaje

El 23 de septiembre del 2021 tuvo lugar la primera presentación de *Udal Etorkizuna Eraikiz* a través de un encuentro plenario en la sede de la Diputación. A esta primera reunión acudieron los alcaldes y alcaldesas de los municipios participantes junto a representantes de la DFG y *Globernance*.

En esta presentación inicial se compartió la experiencia *Etorkizuna Eraikiz*, se presentaron los objetivos principales del proyecto y se abrió un espacio de debate en el que se compartieron opiniones sobre la iniciativa dentro de la comunidad. Los alcaldes y alcaldesas realizaron una breve intervención sobre sus impresiones iniciales tras las visitas y las expectativas que tienen sobre el proyecto.

Reuniones individuales para el diagnóstico compartido

Con la intención de conocer en profundidad qué es lo que cada municipio puede aportar a la comunidad de aprendizaje y cuáles son los retos a los que se enfrenta, se realizaron otras reuniones individuales en cada uno de los municipios.

En estas reuniones o entrevistas individuales se recogieron las experiencias vinculadas a la gobernanza colaborativa, abierta y anticipatoria que pudieran ser de interés para la comunidad de aprendizaje, no solo para aportar conocimiento desde la experiencia a otros municipios, sino también para poner en valor y destacar el trabajo realizado.

Para la realización de estas entrevistas se hizo una investigación previa personalizada mediante la cual se detectaron iniciativas de interés que pudieran estar vinculadas a buenas prácticas de gobernanza.

Así, las entrevistas fueron semiestructuradas y basadas en 3 preguntas abiertas que sirvieron de guía. Todas las entrevistas comenzaron con la introducción de qué se consideraba como gobernanza colaborativa, abierta y anticipatoria para facilitar la comprensión de las preguntas abiertas. Estas facilitaban la detección de iniciativas llevadas a cabo vinculadas a los mecanismos de buena gobernanza, a los retos o desafíos que cada municipio tiene que afrontar y a la toma de decisiones conjunta de las líneas de acción que se quieren llevar a cabo dentro de la comunidad de aprendizaje *Udal Etorkizuna Eraikiz*.

Las reuniones individuales para el diagnóstico compartido han tenido una duración aproximada de hora y media. Mayormente han sido realizadas con el alcalde o alcaldesa del municipio, habiendo municipios en los que se ha querido involucrar a otras personas de la corporación en las reuniones. En unos pocos municipios el alcalde o alcaldesa ha designado a una persona de llegada como representante principal, siendo esta persona la que ha realizado la entrevista.

La mayoría de ellas, previo acuerdo con las personas entrevistadas, han sido grabadas en audio para facilitar su procesamiento y lograr mayor fluidez. Asimismo, todas han sido procesadas teniendo en cuenta los mecanismos de buena gobernanza relacionados con la conceptualización inicial.

En estas entrevistas, por lo tanto, se detectaron las necesidades y retos de cada municipio, y se acordaron las líneas de acción para el municipio en las que la comunidad de aprendizaje y la participación en *Udal Etorkizuna Eraikiz* podría suponerles un valor añadido.

Una vez finalizadas las entrevistas y procesada la información, se ofreció un espacio para que los ayuntamientos pudieran compartir nueva información y tuvieran la oportunidad de proponer modificaciones en los retos o las líneas de acción que se habían detectado.

Redacción de los informes con la información obtenida por cada municipio

Se han elaborado informes independientes por cada uno de los municipios basados en la información proveniente de las reuniones individuales para el diagnóstico compartido.

Los informes elaborados por cada municipio siguen el mismo esquema, recogiendo datos del municipio que se consideran de interés, experiencias destacables de innovación de cada municipio, retos y desafíos, líneas de acción y un análisis realizado desde los mecanismos de gobernanza colaborativa, abierta y anticipatoria. La interpretación de la información procedente tanto de las visitas como de fuentes secundarias abiertas se ha interpretado desde una doble óptica: el *etic* (la interpretación externa) y el *emic* (la interpretación que hace el mismo ayuntamiento). El esquema seguido en todos los informes es el siguiente:

- Información básica del municipio (tabla)
- Organigrama o datos sobre la organización interna
- Innovaciones o experiencias a destacar
  - Experiencias detectadas en las entrevistas realizadas
  - Discusión de los resultados y experiencias detectadas mediante análisis externo
- Desafíos/retos
  - Retos detectados en las entrevistas realizadas
  - Discusión de los resultados y retos detectados mediante análisis externo
- Perspectivas del futuro/líneas de acción
- Análisis desde los mecanismos de gobernanza colaborativa, abierta y anticipatoria

Para dar una respuesta a las diversas necesidades y líneas de acción municipales detectadas dentro de la comunidad de aprendizaje, se han definido cinco estrategias principales, vinculadas a 5 espacios de aprendizaje:

- Actos plenarios para la reflexión de todos los actores (cada 6 meses).

- Espacios sectoriales para compartir experiencias y buenas prácticas, en los que varios municipios comparten algunos casos de éxito (cada 6 meses).

- Sesiones formativas vinculadas a las líneas de acción e intereses comunes detectados (cada 6 meses).

- Diseminación de aprendizajes: intercambio de información, documentación y experiencias entre municipios en reuniones personalizadas y seguimiento en profundidad de una línea de acción (2 veces por semestre).

- Acompañamiento asistido, seguimiento y apoyo individualizado (continuo).

Actos plenarios

Actos plenarios de *Udal Etorkizuna Eraikiz*. Los actos plenarios se celebran cada seis meses. Estos son los tres propósitos principales de los actos plenarios: reflexionar colectivamente sobre la acción de los seis meses previos, incidir sobre algún aspecto estratégico de la buena gobernanza, vinculado a los mecanismos de gobernanza colaborativa detectados, y ajustar los planes semestrales municipales.

Los actos plenarios celebrados han sido los siguientes.

- Acto plenario inaugural (23/09/2021)

- Segundo acto plenario para la reflexión sobre los retos compartidos y la puesta en valor de buenas prácticas (30/05/2022)

- Tercer acto plenario sobre las capacidades que se han de fomentar en los ayuntamientos (12/12/2022)

Espacios sectoriales

Espacios sectoriales para la reflexión y para compartir buenas prácticas y experiencias. *Globernance* ha facilitado un par de espacios semestrales para que Ayuntamientos de la red que están ganando experiencia en algún ámbito particular de la buena gobernanza o en vinculación a alguno de los menanismos de buena gobernanza puedan compartir buenas prácticas con otros Ayuntamientos interesados en aprender sobre ello.

- Primer espacio sectorial (26/05/2022): laboratorios o espacios de aprendizaje colectivo. Las experiencias presentadas en este espacio sectorial fueron las siguientes:

  o Proyecto *tratu on* (Andoain)

  o Mesa de educación (Elgoibar)

  o Proyecto intergeneracional (Legazpi)

  o Laboratorio de aprendizaje colectivo (Torrelodones)

- Segundo espacio sectorial (07/11/2022): experiencias de participación para la implicación de actores diversos. Estas son las experiencias presentadas en la sesión:

  o Proceso de participación Dagigun (Deba)

  o Herrilab 700 (Azkoitia)

  o Gipuzkoako herritarren batzarra (DFG)

- Tercer espacio sectorial (17/03/2023): experiencias vinculadas a iniciativas sobre los cuidados y la soledad no deseada. Estas son las experiencias presentadas en la sesión:

  o CSIC: Txetxu Ausin- Soledades (marco general)

- o Zarautz- Mesa de personas de edad avanzada e iniciativa realizada junto a las casas de jubilados de Zarautz
- o Usurbil- Ecosistema de cuidados de Usurbil
- o Adinberri- Iniciativas vinculadas a los cuidados y ala soledad no deseada que se han desarrollado en distintos municipios de Gipuzkoa.

Espacios formativos

Jornadas formativas o webinarios temáticos sobre las áreas de interés comunes vincualadas a los mecanismos de buena gobernanza. La primera sesión formativa fue celebrada online el 6 de Octubre y se centró en la temática "organizaciones que aprenden". El ponente invitado fue Arash Arjomandi. La segunda sesión formativa ha tenido como tema principal la comunicación organizacional y la prevención de conflictos. El ponente que ha impartido la formación ha sido Andrés Shoai.

Diseminación de aprendizajes (intercambio de experiencias)

Una vez concluida la fase de diagnóstico compartido, se abre una fase de experimentación e implementación de planes y estrategias. A fin de ayudar a cada Ayuntamiento a mejorar sus mecanismos de gobernanza, de generar sinergias y de avanzar hacia una metodología de trabajo en el territorio que favorezca los intercambios de experiencias, la formación y la coordinación efectiva, se han diseñado una respuesta personalizada a los retos detectados de cada ayuntamiento en la que se comparten experiencias de otros ayuntamientos que puedan estar vinculadas o dar respuesta a las líneas de acción detectadas en cada municipio.

Para ello se ha hecho lo siguiente:

1) Detección de retos y experiencias ejemplares para la encontrar enlaces de conexión entre municipios.

2) Creación de carpetas personalizadas, basadas en los retos locales, con documentación sobre las experiencias para el intercambio intermunicipal.

3) Creación de un documento de conexión que facilita el acceso a las experiencias y ayuda a tener una visión general de los distintos proyectos del territorio.

Acompañamiento asistido

A todos los municipios se les ha ofrecido la posibilidad de contar con un acompañamiento asistido mediante actuaciones adecuadas a cada ayuntamiento para poner en marcha las líneas de acción definidas conjuntamente en la fase anterior. Este trabajo personalizado, además, sirve para establecer enlaces entre los municipios para responder a las necesidades detectadas.

En esta línea, el trabajo con muchos de los ayuntamientos ha estado vinculado al acompañamiento y reflexión sobre iniciativas concretas o a la puesta en marcha de laboratorios de aprendizaje colectivos.

Así, el acompañamiento asistido ha sido concreto o general según las necesidades expresadas por cada municipio.

4.1.iv Principales logros y aprendizajes

Logros y aprendizajes vinculados a la gobernanza colaborativa:

- Se ha realizado una búsqueda y lectura de documentación vinculada a la gobernanza abierta, colaborativa y anticipatoria.

- Se han identificado y definido 24 mecanismos vinculados a la gobernanza abierta y colaborativa que sirven para analizar la situación y las buenas prácticas de cada ayuntamiento.

- Se ha ofrecido formación en gobernanza abierta, colaborativa y anticipatoria basada en las necesidades de cada municipio.

- Se han generado espacios para promover la gobernanza colaborativa entre los ayuntamientos y la Diputación Foral de Gipuzkoa.

Logros y aprendizajes vinculados al reto que persigue *Udal Etorkizuna Eraikiz*

- Facilitar conocer modelo *Etorkizuna Eraikiz* y sus características a los ayuntamientos.

- Creación de la comunidad de aprendizaje y espacios que facilitan el intercambio de conocimientos y experiencias.

- Detección de los retos locales de cada uno de los ayuntamientos.

- Creación de carpetas compartidas con documentación sobre las experiencias ejemplares de los municipios participantes para el intercambio intermunicipal y el aprendizaje interinstitucional.

- Realización de reuniones vinculadas a la resolución de los retos.

- Intercambio de experiencias en las reuniones realizadas dentro del espacio sectorial.

- Reflexión compartida en los actos plenarios.

- Formaciones sobre temáticas de interés común.

4.1.v Innovaciones y desafíos generales detectados

Innovaciones generales

Tras analizar las innovaciones y buenas prácticas realizadas en los 12 municipios pertenecientes a la comunidad de aprendizaje *Udal Etorkizuna Eraikiz*, se pueden identificar algunos temas comunes sobre los que parece que se ha ganado experiencia en el territorio:

- Vinculación de los ODS a los planes estratégicos.

- Cambios en la estructura organizacional y departamental para favorecer la eficiencia, lo que supone un ejercicio de meta reflexión relacionado con la capacidad de aprender.

- Generación de espacios de colaboración intersectoriales.

- Creación de *think tanks*.

- Creación y dinamización de espacios de cesión de soberanía y de gobernanza compartida (aunque la gobernanza siempre exige el gobierno en común).

- Iniciativas de empoderamiento de la juventud.

- Nuevas dinámicas, herramientas y metodologías de participación ciudadana.

- Integración de las nuevas tecnologías para facilitar servicios a través de Webs y Apps.

- Procesos de intervención multisectoriales y pluridimensionales para mejorar la calidad de vida de las personas en edad avanzada.

- Preocupación y acciones para la mejora de la comunicación interna y externa.

- Iniciativas que tratan de dar respuesta a la diversidad y las desigualdades.

Desafíos generales

Además, durante las entrevistas y el análisis se han detectado varios retos o desafíos generales a los que sería interesante prestar atención a lo largo del desarrollo del proyecto. Los más comunes a destacar son los siguientes:

- El deseo de solucionar problemas sociales y económicos que afectan a la población hace que rara vez los equipos de gobierno se vuelvan hacia su mismo funcionamiento, como objeto de acción y aprendizaje, para mejorar la respuesta ante los problemas, lo que paradójicamente reduce la capacidad de respuesta ante dichos problemas.

- En vinculación con la mirada anticipatoria, muchos planes no van más allá de los 8 años, por lo tanto, sería interesante definir proyectos que superen las legislaturas y que se puedan trabajar a largo plazo.

- En ocasiones, el clima de crispación con la oposición hace que el ejercicio del gobierno sea desafiante. El tiempo que debería dedicarse a la gestión a veces termina dedicándose a responder a la crítica.

- El día a día mantiene ocupadas a las personas que trabajan en los ayuntamientos municipales, haciendo que sea difícil trabajar en aspectos que requieren una mirada de largo alcance, ya que se entra en un bucle de tareas diarias y cotidianas del que es difícil salir. Se debería encontrar la forma de integrar la gobernanza anticipatoria para superar esa tendencia.

- La ideología de cada equipo de gobierno condiciona el tipo de colaboraciones que establecen, lo que dificulta que la cooperación se abra a todos los sectores de la sociedad: públicos, privados, civiles, organizativos, ciudadanos….

- La introducción del conocimiento experto es importante, sin embargo, no parecen haberse introducido dinámicas relacionadas con el aprendizaje colectivo en el funcionamiento de los ayuntamientos.

- La especialización y la división del trabajo por departamentos ha generado una fragmentación en el gobierno y en la administración pública que dificulta el abordaje de problemas que exigen enfoques algo sistémicos o, al menos, que impliquen diferentes ámbitos de actuación.

- Los procedimientos racionalizados, imparciales y sometidos a fiscalización permanente de la administración parecen haber mermado la capacidad de los ayuntamientos de responder con agilidad y eficiencia ante problemas sin mucha complejidad y ante situaciones inesperadas.

- Las lógicas de la comunicación parecen impregnar excesivamente el funcionamiento de los equipos de gobierno de ayuntamientos y Diputación, lo que hace que, en ocasiones, haya más preocupación por la imagen que se pretende proyectar que por el por el problema que se ha de resolver.

Ámbitos de actuación en colaboración con Globernance (Instituto de Gobernanza Democrática)

A fin de dar respuesta a algunos de los retos y desafíos comunes detectados, se han convenido algunas áreas de trabajo que parecen comunes. Mediante el acompañamiento asistido, la creación de espacios de intercambio, formaciones *ad hoc* y los encuentros plenarios, *Globernance* intentará apoyar los siguientes ámbitos

- Introducción del conocimiento experto a través de laboratorios de aprendizaje.

- Mejora de la organización interna para anticiparse, racionalizar el trabajo y avanzar hacia un modo de funcionamiento basado en el aprendizaje.

- Metodologías para la participación y colaboración intersectorial.

- Desarrollo de miradas sistémicas.

- Mejora de la comunicación interna y externa.

- Fortalecimiento de la colaboración y cultivo de la confianza.

Otras necesidades

En las reuniones realizadas con los municipios, se ha detectado una necesidad añadida que consiste en mejorar las relaciones, la coordinación y las conexiones locales, comarcales y municipales, por un lado, e interdepartamentales, por el otro. Es decir, una necesidad de mejora de la coordinación en dos ejes, el horizontal y el vertical, y en las intersecciones que se dan entre ambos.

Estos son los niveles en los que se cree que se deberían mejorar las relaciones para poder trabajar desde la gobernanza abierta, colaborativa y anticipatoria:

- Relaciones puntuales entre ayuntamientos.

- Relaciones a nivel comarcal con las agencias de desarrollo.

- Relaciones de los municipios con la diputación foral.

- Relaciones con otros agentes externos del territorio.

4.2. LABORATORIOS DE APRENDIZAJE COLECTIVO SOBRE GOBERNANZA COLABORATIVA

Los retos estratégicos de las próximas décadas requieren formas diferentes de hacer política y canalizar la acción colectiva: el cambio climático y la autosuficiencia energética; la recuperación económica en clave verde, circular y próxima; la transición hacia un modelo de desarrollo sostenible y resiliente, abierto al mundo, pero anclado en lo local; la gestión del impacto de la robotización sobre la organización del trabajo; el envejecimiento de la población; la viabilidad del sistema de seguridad social; la reducción de las desigualdades y la deslegitimación de la violencia.

Lo que ponen de manifiesto esos retos es que los sistemas que hemos diseñado para gestionar la vida pública necesitan ser renovados para introducir la anticipación, la colaboración, el aprendizaje y la perspectiva sistémica a las pautas de funcionamiento.

Hablar de colaboración, de aprendizaje y de participación, no es lo mismo que colaborar, aprender y extraer beneficios de la participación intersectorial. Se requiere voluntad, actitudes apropiadas y enfoques metodológicos efectivos. De lo contrario, esas modas simplemente conducirán a arreglos cosméticos que, en esencia, desarticulan los esfuerzos profundos por transformar los modos en que se ejerce la actividad política.

Para dar respuesta a las nuevas necesidades y abrir el camino a la renovación mencionada, se están generando diversos espacios como los Think Tank o los laboratorios de aprendizaje.

Es importante diferenciar ambos términos, ya que muchas veces la frontera entre ambos es borrosa. El *Think Tank* es un órgano que facilita que el gobierno u otras administraciones públicas se nutran de conocimiento experto. Sin embargo, existen diversos tipos de *Think Tank* cuyas líneas de definición podrían ser fácilmente confundidas con las de los laboratorios de aprendizaje. De hecho, la participación de agentes de la cuádruple hélice (ciudadanía organizada o no, empresa, academia y administración pública) es una característica propia de los laboratorios de aprendizaje, pero también de algunos *Think Tanks* menos clásicos como el propio de *Etorkizuna Eraikiz* o el BBK Kuna Institutoa. Esto hace que sea necesario aclarar qué es lo que se entiende por laboratorio de aprendizaje y qué características tiene.

En línea con lo expuesto, los Laboratorios de Aprendizaje Colectivo sobre Gobernanza Colaborativa superan las barreras de recoger el conocimiento experto, ya que consisten en generar espacios donde las personas diversos actores puedan interactuar para trabajar de forma colaborativa sobre un tema concreto. Aunque inicialmente se centran en el desarrollo local, el enriquecimiento cultural, la seguridad, el deporte, la promoción de la salud, la mejora de la educación o el urbanismo, pretenden servir de espacio de entrenamiento para que el equipo de gobierno, las empresas, las organizaciones civiles, las entidades de conocimiento experto y los ciudadanos del municipio, es decir, el grupo de personas que conforma la cuádruple hélice, sea capaz de institucionalizar el aprendizaje y la colaboración como forma prevalente de funcionamiento.

Por lo tanto, los laboratorios de aprendizaje colectivo consisten en espacios de interacción basada en la confianza para la resolución de problemas desde las visiones de diversos actores. Además, pretenden incidir y reforzar cuatro capacidades básicas vinculadas a la gobernanza colaborativa y abierta:

- La capacidad de interlocución y de creación de espacios efectivos

- El aprendizaje en acción, sistemas inteligentes y generación de conocimiento como eje de la vida social: más allá de la experticia

- La institucionalización de la colaboración

- La creación de capacidad

La experiencia está mostrando que, una vez que se logra crear un sistema de interacción amistosa y confiable, que facilite la generación de conocimiento y que incluya a todos los agentes, se crean las condiciones para abordar retos paulatinamente más complejos, que repercuten en el bienestar de la población, la prosperidad y la prevención de conflictos vinculados a la gestión de la diversidad de sensibilidades, intereses e identidades.

Los laboratorios de aprendizaje, por lo tanto, pueden ser el espacio perfecto para dar respuesta a los futuros retos estratégicos desde la dinamización de relaciones horizontales entre diversos agentes y la utilización de mecanismos de trabajo colaborativos que aspiran a perdurar en el tiempo y convertirse en la forma predominante de funcionamiento.

En la actualidad se está experimentando con la creación de laboratorios de aprendizaje en distintos municipios de Gipuzkoa. Estos son los municipios que están participando en esta iniciativa y los temas presentados:

- Ayuntamiento de Andoain: diseño participativo del plan municipal de diversidad culturas e intercultural de Andoain.

- Ayuntamiento de Tolosa: laboratorio de institucionalización de procesos de deliberación representativos.

- Ayuntamiento de Beasain: laboratorio de experimentación para la co-creación y desarrollo de capacidades para hacer frente al reto de la soledad no deseada.

- Ayuntamiento de Azkoitia: coordinación de los proyectos de participación impulsados desde el Ayuntamiento de Azkoitia.

- Ayuntamiento de Oñati: evaluación evolutiva. Nuevas perspectivas para evaluar los procesos de gobernanza colaborativa y las políticas ciudadanas.

- Ayuntamiento de Zarautz: proceso de reflexión estratégica y proceso de elaboración del plan estratégico 2030 de Zarautz.

- Ayuntamiento de Zaldibia: creación de espacios públicos desde el trabajo vecinal.

- Ayuntamiento de Usurbil: fomento de la gobernanza colaborativa basada en misiones o retos.

CAPÍTULO V: **CONCLUSIONES Y LÍNEAS FUTURAS**

Esta monografía, tal como se mencionó en la introducción, ha pretendido, por un lado, plasmar un marco teórico para comprender y explicar la gobernanza. Esto se condensa principalmente en el primer capítulo, al revisar, primero, la literatura mundial sobre gobernanza y, al proponer, después, una forma operativa de plantearla que pueda servir para diseñar intervenciones sobre la política. Sin embargo, por otro lado, la monografía ha pretendido lo que en el process tracing (Bennett & Checkel, 2015) se denomina refinamiento teórico a través de la ilustración de la teoría mediante casos prácticos. En otras palabras, los múltiples casos relacionados con Gipuzkoa aspiran a ilustrar los elementos teóricos, pero, a su vez, los casos intentan contribuir a un mayor refinamiento teórico. En los siguientes párrafos, se intentarán extraer conclusiones de los dos proyectos más amplios que se han examinado: *Etorkizuna Eraikiz* y *Udal Etorkizuna Eraikiz*.

5.1. ETORKIZUNA ERAIKIZ

Etorkizuna Eraikiz se puede considerar matriz conceptual y el paraguar que recoge de forma sistémica todos los avances de Gipuzkoa en materia de innovación política. Refleja un intento de anticipación, de establecer sinergias con actores, de fomentar la participación, de configuraración del funcionamiento político alrededor del aprendizaje y la experimentación, de fortalecer la integridad y la transparencia... Sin embargo, a pesar de que en su conceptualización, *Etorkizuna Eraikiz* sería la estrategia central de gobernanza colaborativa con una perspectiva holística, sistémica e integral, en la práctica, todo lo que no está dentro del modelo operativo de Gipuzkoa Escucha, Gipuzkoa Experimenta y Centros de Refencia, tiene vida propia: sistema de integridad, los esfuerzos de la dirección general de participación, los foros de asociaciones, los consejos sectoriales… Esta es la consecuencia de la tensión entre el deseo de operar de manera sistémica y las pautas de funcionamiento históricas, ultraespecializadas, relacionadas con los diferentes departamentos de la Diputación y con su división estructural.

En estrecha relación con lo anterior, se podría decir que el esfuerzo de modelización de *Etorkizuna Eraikiz,* así como su constante redefinición, ha generado dos dinámicas contradictorias, una construcitva y otra desafiante. La dinámica constructiva se vincula con el hecho de que el modelo y la definición facilitan la puesta en práctica de principios abstractos en el ejercicio político. De otro modo: la claridad del modelo ha facilitado su aplicación y su desarrollo. No obstante, el desafío que suscita la modelización y definición excesiva es que una realidad compleja y rica se diluye demasiado y muchas cosas quedan fuera, ya que no encajan dentro del modelo.

Otro aspecto a destacar es que el discurso político de la Diputación, apuntalado por la estrategia de *Etorkizuna Eraikiz* es realmente sofisticado. Esto no se ha logrado por la insistencia de los asesores de comunicación política, que buscan que los discursos se alineen con la avanzadilla de los conceptos. Hay convicción, autenticidad y un deseo de transformar la cultura política en Gipuzkoa que está dejando poso y que es más que probable que siga sobreviviendo a los ciclos políticos de cambio de gobiernos y de partidos que conforman el gobierno. Sin embargo, la repetición constante de nociones tales como desafección, nueva cultura política, gobernanza colaborativa, abierta y anticipatoria…, como si fueran mantras, por parte de los representantes políticos de la Diputación, puede estar generando el riesgo de agotar el significado de ciertos coceptos. Además, cuando *Etorkizuna Eraikiz* pasó a ser, además de una estrategia operativa de funcionamiento y de transformación de la cultura polítca, un elemento central de la comunicación y el márquetin político, comenzó a perder algo de credibilidad. Prestarle atención al equilibrio inestable entre comunicar los logros relacionados con la estrategia y hacer campaña usando el lenguaje central de *Etorkizuna Eraikiz* debería ser un tema de reflexión dentro de la Diputación.

Otro punto clave que ilustra un principio de buena gobernanza y que representa un logro de *Etorkizuna Eraikiz* tiene que ver con la red de colaboración estable que ha creado en el territorio. Ya sea porque se aprovechado un tejido comunitario existente, caracterizado por múltiples actores en funcionamiento, o porque se ha activado dicha red (o ambos procesos a la vez), en Gipuzkoa las políticas en áreas estratégicas como energía, cultura, infraestructuras, educación, protección social, cuidados o salud se implementan a través de una red de agentes coordinados o, al menos, estimulados y nutridos por la Diputación. Estas redes han cultivado la confianza, un intangible fundamental para el buen gobierno y la cohesión social.

A este respecto, cuando menos politizada esté la iniciativa, mayor compromiso habrá por parte de diferentes actores y la legitimidad será mayor. Quizá, habría que prestarle atención al riesgo de no generar una especie de club o de entidades satélite de la Diputación. La perspectiva de un círculo inclusivo de actores en expansión, comprometidos con el bienestar de Gipuzkoa, y en diálogo con la Diptuación, puede ser útil.

A pesar de todos los logros, las dos elecciones producidas en el país en 2023 hasta agosto (municipales, primero y nacionales, después) muestran que *Etorkizuna Eraikiz* no ha logrado atajar la desafección política en Gipuzkoa ni ha sido bien valorada por la ciudadanía. La desafección se observa en el crecimiento de la abstención en las municipales (cerca del 40%), un 6.59% mayor que en las anteriores; y la mala valoración o, al menos, la poca valoración, se interpreta del crecimiento de Bildu y el descenso del PNV, principal partido impulsor de la iniciativa. Esta apreciación, no obstante, es muy provisional y se hace con cautela.

Lo último en lo que concierne a *Etorkizuna Eraikiz* es que la estrategia, aunque aspira a incidir sobre la cultura política y los valores, por un lado, y sobre los mecanismos, procedimientos e instrumentos, por el otro, ha tendio más éxito en materia de procedimientos y sistemas que de valores y cultura. Los mecanismos, los instrumentos, las normas, los sistemas de *Etorkizuna Eraikiz* facilitan la introducción en el territorio de muchos de los más de 20 mecanismos tipificados aquí. Sin embargo, persisten valores y actitudes asociados a la política tradicional: conflictos, descoordinación, suspicacias, competición, fragmentación, luchas de poder… Es probable que haya habido avances en esta última materia, pero no se han podido observar con claridad.

5.2. UDAL ETORKIZUNA ERAIKIZ

En cuanto al proyecto *Udal Etorkizuna Eraikiz,* este lleva aproximadamente dos años de andadura. Los objetivos iniciales para esta fase primera que concluye en diciembre de 2023 —constituir una red inicial con 8-10 municipios que fueran representativos en términos de tamaño, ideología y ubicación; tener una aproximación inicial con ellos; y realizar un diagnóstico compartido— parece que se han cumplido, superando las expectativas iniciales.

Algunos indicadores pueden justificar esta afirmación: todos los municipios que fueron invitados se adhirieron a la comunidad; el ambiente que se ha suscitado tanto en las reuniones bilaterales como en los encuentros generales, tal como lo expresan todos los actores interpelados (de la Diputación, de los ayuntamientos y de *Globernance*), ha sido muy edificante, impregnado por la ilusión y mostraba el deseo de aprender y de colaborar; y el informe tentativo de diagnóstico de 2021 va a dar paso próximamente a un informe de evaluación de resultados que está apunto de concluir.

Esta fase inicial, además, ha servido para que los municipios, la Diputación y el equipo de *Globernance* se familiarizaran con el trabajo que cada uno realiza, para que se genere unidad de visión y para que el marco de *Etorkizuna Eraikiz* se convierta en un contexto de referencia cercano y claro para todos los actores. En otras palabras, se ha podido avanzar considerablemente en la capacidad de trabajar en equipo.

En cuanto a la metodología de trabajo, aunque relativamente sencilla y apuntalada por un enfoque que combina las visitas de campo, los encuentros para la reflexión sobre la acción, los espacios formativos y de intercambio y las entrevistas semi estructuradas, ha sido suficiente para darle estructura y establecer una pauta de funcionamiento sistemático que aspira a instalarse en el territorio tras la finalización de este proyecto. Este patrón de funcionamiento regular en el que se socializaa todos los actores ha permitido cumplir otro de los objetivos centrales del proyecto, a saber: lograr que se establezca un sistema en el territorio que permita, por un lado, el aprendizaje colectivo sobre la buena gobernanza y, por el otro, la diseminación de las experiencias exitosas cuando aparezcan. Asimismo, la definición de la gobernanza colaborativa, abierta, anticipatoria, en términos de mecanismos o procesos diferenciados, ha supuesto una herramienta operativa muy útil tanto para identificar las buenas prácticas de los ayuntamientos, como para vislumbrar los ámbitos de actuación futuros necesarios. Lo mismo puede decirse de las capacidades centrales para la gobernanza efectiva. Asimismo, dicho instrumento puede facilitar la sistematización y tipificación de buenas prácticas, de manera que estas se integren en un todo coherente.

Las perspectivas preliminares del diagnóstico, que se acentúan ahora, han sido prometedoras. En primer lugar, cabe decir que se ha observado gran capacidad de innovación política y gran diversidad de experiencias que pueden tipificarse como facetas relacionadas con la buena gobernanza. En función del tamaño del territorio, de su ubicación en relación a otros actores y de la ideología de los equipos de gobierno, se pueden ver matices distintos. Por ejemplo, algunos municipios han aprendido a explotar el poder de la colaboración con empresas; otros se han tomado en serio la necesidad de empoderar a la sociedad civil, en particular a los jóvenes; otros han establecido espacios para la introducción del conocimiento experto; otros han avanzado en la capacidad de meta reflexión sobre su propio funcionamiento; otros, desde enfoques más clásicos, pero que muestran compromiso, se acercan a la ciudadanía mediante liderazgos personalizados pero cercanos; y, finalmente, otros han tratado de refinar las metodologías participativas para que los ciudadanos puedan informar las políticas públicas con su saber y preocupaciones.

En segundo lugar, la idea de mejorar la gobernanza o el ejercicio de gobierno para responder con mayor eficacia ante los problemas sociales no está instalada de igual manera en todo el territorio. Se pude hablar de tres tipos de municipios: unos donde las ideas relacionadas con la buena gobernanza generan simpatía y existe un deseo de aprender sobre diferentes mecanismos con apertura y humildad; un segundo tipo donde se asocia principalmente la buena gobernanza con la participación, lo que, por un lado, ayuda a establecer metodologías de participación sofisticadas, pero, por el otro, dificulta el examen de otros tipos de procesos relacionados con la buena gobernanza, puesto que hay una inercia automática que conduce a la interpretación de esa noción en los términos de participación señalados; y, un último tipo, menor, que no está muy familiarizado con la conceptualización vinculada a la gobernanza, por lo que es preferible modificar los términos a la hora de encontrar puentes de trabajo. La actitud general, no obstante, es muy positiva y todos podrán avanzar, pero teniendo en cuenta el estado en el que se encuentran.

En tercer lugar, las fuerzas políticas tradicionales hacen mella y suponen tendencias que entorpecen la marcha hacia un modo de gobernar más colaborativo, sensible a las diferencias, centrado en el aprendizaje, que logra anticiparse y responder con eficacia ante la incertidumbre. Las tendencias más problemáticas que se han podido observar son la competición como eje de las relaciones, la instalación de las lógicas de la imagen, del márquetin y de la comunicación política en el ejercicio del gobierno, las luchas de poder y las tensiones entre partidos, el recurso al conflicto como estrategia de promoción de los intereses particulares

—legítimos o ilegítimos— y la fragmentación de la administración y de la sociedad y la consecuente atomización de la vida en general (consumista o individualista) que dificulta la acción colectiva, la creación de perspectivas y planes generales, el concierto de actores o el trabajo sincero por el bien común.

En cuarto lugar, un punto que no se tenía previsto en la concepción del proyecto pero que ha quedado patente reside en la necesidad de coordinar mucho mejor los diferentes procesos políticos y administrativos relacionados con la gobernanza y el desarrollo del territorio. Por un lado, la Diputación tiene muchas secciones y departamentos con planes y estrategias que no siempre están en armonía, lo que supone una carta para los agentes con los que se trabaja y puede inducir cierta confusión. Por otro, la coordinación y comunicación entre la Diputación y los ayuntamientos, especialmente los de diferente signo político, parece que podría mejorar. Por último, se podría tener que redefinir el rol de las agencias de desarrollo en el proyecto. Aunque estas se consideran parte del plan de desarrollo y, por lo tanto, ajenas a *Udal Etorkizuna Eraikiz*, si se coloca el proyecto en el contexto apropiado, esta separación resulta artificial. La buena gobernanza no es un fin en sí mismo. Su objetivo es mejorar el ejercicio de gobierno y, por lo tanto, la gestión de los bienes comunes, el progreso, la cohesión social, la paz, el bienestar.

Para finalizar, señalar que el trabajo del siguiente ciclo (2024-2025) ha quedado prácticamente definido porque supone una consecuencia lógica del diagnóstico y de la dinámica establecida en los últimos dos años, que requiere algo más de consolidación para volverse autónoma o depender exclusivamente de la Diputación. La experimentación e implementación acompañada o asistida, la creación de espacios de intercambio de experiencias temáticos, la celebración de jornadas formativas y los encuentros semestrales plenarios serán las estrategias centrales para el apoyo al trabajo de los ayuntamientos. La posible circular o repositorio de experiencias supondrá un instrumento adicional para diseminar y documentar algunos aprendizajes cuando surjan.

Como corolario, se puede indicar que, de todos los mecanismos de buena gobernanza y más allá de los temas específicos de las formaciones, intercambios y encuentros plenarios, lograr que los ayuntamientos establezcan dinámicas de funcionamiento que favorezcan el aprendizaje, que la colaboración vaya comiendo terreno a la competición y al conflicto de intereses y que se desarrolle la capacidad de fomentar espacios para actores organizados y no organizados, civiles y privados, con ánimo y sin ánimo de lucro, para conversar efectivamente, participar colegiadamente en la generación de conocimiento práctico sobre el progreso de la localidad, hacer lecturas compartidas de la situación local, diseñar planes, implementar líneas de trabajo conjuntas y evaluar las áreas de actuación en curso son los ámbitos más importantes que en este segundo ciclo se intentarán fortalecer; todo ello con la perspectiva de que anticiparse a los retos futuros requiere cambiar la manera de funcionar de las organizaciones e implica formas de solidaridad intergeneracionales novedosas.

En breve, Gipuzkoa resulta un terreno interesante porque se está experimentando políticamente, en tiempo real, con los conceptos, enfoques, métodos, procedimientos, instrumentos y técnicas para un mejor gobierno. En cuanto a los procedimientos, tal como se mencionó, la ruta parece muy sólida. Es en el ámbito de los intangibles y de la revisión de conceptos donde quizá se puede avanzar más. Un par de ejemplos pueden resultar ilustrativos.

La noción de poder, así como del liderazgo afecta la práctica política. Sin embargo, no hay una reflexión profunda sobre las formas de poder que no conduzcan a la dominación, cuánto menos sobre las fuentes de poder inagotables, tales como el amor, la confianza, el servicio humilde o la reciprocidad (Karlberg, 2005). El poder, para establecer dinámicas transformadoras que favorezcan la participación, debe entenderse como capacidad para generar influencia y cambio. Una vez entendido así, se puede ver de qué manera quienes tienen mayor poder, lo pueden usar para hacer crecer la capacidad de acción y de influencia de otros

(García-Magariño, 2016). De igual forma, sobre el nuevo tipo de liderazgo que se requiere para avanzar hacia un sistema que empoder a otros y fomenzar una gobernanza colaborativa real no hay una reflexión efectiva, más allá de las ideas de soltar control.

Lo mismo puede señalarse sobre la participación y el aprendizaje. La Diputación, en primer lugar, parece cuestionar la noción ya tradicional de participación. Sin embargo, no ofrece una alternativa. En segundo lugar, el aprendizaje y el conocimiento sí que parecen valorarse, pero no se define que tipo de aprendizaje es necesario fomentar ni cómo. En el planteamiento teórico inicial, ya señalamos que la participación, en este momento, debería ser vista como un imperativo para que múltiples personas y grupos, ante la magnitud de los desafíos actuales, se impliquen en un proceso permanente y coordinado a nivel local de generación de conocimiento práctico sobre cómo resolver dichos problemas. Ahí radica el gran desafío y oportunidad de la colaboración y el aprendizaje. Esto, no obstante, abre múltiples preguntas a su vez: ¿quién coordina ese proceso?, ¿a qué escala?, ¿con qué orden y nivel de intensidad?, ¿cómo hacer el proceso ordenado pero flexible e inclusivo?, ¿cómo se documentan los éxitos?...

Un último ejemplo para terminar. En todo el entramado de *Etorkizuna Eraikiz* se habla de la colaboración; pero no se habla demasiado de las actitudes necesarias para la cualidad efectiva ni se fomentan talleres y formaciones para el trabajo en equipo efectivo. Por ello, la colaboración, en un contexto de competición permanente donde todos nos socializamos, ¿cómo se puede producir?

Debería quedar claro en este punto que el avance hacia una gobernanza más efectiva no es un mero lujo, un ejercicio simple de innovación o una moda. Representa la más urgente necesidad de revisar la manera en que estamos intentando responder ante un mundo desafiante y cambiante, puesto que parece que la manera en que hemos respondido hasta hoy ya no permite transformar la economía para que sea sostenible y fomente prosperidad y justicia; revertir el cambio climático; responder efectivamente ante el impacto de la robotización y la inteligencia artificial sobre la vida y, especialmente, el trabajo; resolver conflictos entre Estados cuando hay miembros del Consejo de Seguridad de la ONU implicados, como en el caso de Ucrania; remodelar los sistemas de protección social y hacer virar las pirámides poblacionales que han envejecido a la sociedad y que golpean la viabilidad de dichos sistemas de protección social; abordar el terrorismo global, el crimen y las pandemias con eficacia; fortalecer las democracias, ampliarlas y profundizarlas; gestionar los flujos migratorios atendiendo a los derechos humanos y a la seguridad al mismo tiempo; erradicar la pobreza de una vez por todas; fomentar políticas de salud de calidad creciente; combatir la desinformación y la polarización excesiva; o articular un sistema energético eficiente, que implique, a su vez, la regulación, en cierto modo, de las pautas de consumo…

En todo ello radica la necesidad de innovación política y de progresar hacia una gobernanza colaborativa más efectiva.

BIBLIOGRAFÍA

Anello, Eloy & Hernández, Juanita, *Moral Leadership,* Nur University, 1996.

Barandiaran, Xabier, Canel, María José & Bouckaert, Geert, *Building collaborative governance in times of uncertainty,* Leuven University Press, 2023.

Bennett, Andrew & Checkel, Jeffrey T. (eds.), *Process tracing*, Cambridge University Press, 2015.

Diputación Foral de Gipuzkoa, *Balance 2022 de Etorkizuna Eraikiz, un propósito común y compartido*, DFG, 2022.

García-Magariño, Sergio; Azkoiti, Maddi & Delgado, Nahia, *Coordinación de proyectos en Azkoitia: convocatoria Gipuzkoa Taldean, Etorkizuna Eraikiz,* Globernance / UPNA, 2023.

García-Magariño, Sergio & Arjomandi, Arash, "La metafísica del diálogo", *El País,* 16 de enero de 2020.

García-Magariño, Sergio, *Desafíos del sistema de seguridad colectiva de la ONU: análisis sociológico de las amenazas globales,* Centro de Investigaciones Sociológicas, 2016.

García-Magariño, Sergio, *Gobernanza y religión*, Delta, 2017.

García-Magariño, Sergio, *La gobernanza y sus enfoques*, Delta, 2016.

García-Magariño, Sergio, "Repensar la gobernanza de la globalización: crítica de la deslocalización de la producción y del comercio mundiales en tiempos de pandemia", en Unai Belintxón, José Luis Iriarte y Juan José Álvarez, *Representación aduanera y comercio internacional en el siglo XXI*, Thomson Reuters, 2022, pp. 195-220.

García-Magariño, Sergio & Belintxon, Unai, García-Magariño, Sergio, and Unai Belintxon, "Cognitive and Energetic Sustainability for Development: Spain and Europe before the Green Deal", *Energies*, vol. 14, nº 3, 2021. Doi: https://doi.org/10.3390/en14133770.

García-Magariño, Sergio, "Un cuestionamiento de los supuestos que vertebran la sociedad moderna en búsqueda de nuevos modelos de gobernanza: el gobierno, la sociedad civil y la empresa nadando en un mar de complejidad", *Cuadernos de gobierno y administración pública*, vol. 2, nº 2, 2015, pp. 187-211.

Innerarity, Daniel, "¿Qué es eso de la gobernanza?", *Tiempo de paz,* vol. 100, pp. 228-233.

Innerarity, Daniel, *Una teoría de la democracia compleja: gobernar en el siglo XXI,* Galaxia Gutenberg, 2020.

Innes, Judith & David E., Booher, *Planning with complexity: An introduction to collaborative rationality for public policy*, Routledge, 2018 [2010].

Karlberg, Michael, The power of discourse and the discourse of power: pursuing peace through discourse intervention", *International Journal of Peace Studies*, vol. 10, nº 1, 2005, pp. 1-25. https://www.jstor.org/stable/41852070.

Manontas, Goizeder & Barandiaran, Xabier, *Código de conducta y buenas practices de los miembros de la Diputación Foral y de los altos cargos públicos y personal asimilado de la Diputación Foral de Gipuzkoa y de las entidades de su sector público,* Diputación Foral de Gipuzkoa, 2016.

Rey, Amalio, *El libro de la inteligencia colectiva: ¿qué ocurre cuando hacemos cosas juntos?,* Almuzara, 2022.

Wheatley, Margaret, *Leadership and the new science: Discovering order in a chaotic world*, ReadHowYouWant.com, 2011.